もしも真田幸村が中小企業の社長だったなら

井上ミノル

創元社

はじめに

ゲームや大河ドラマなどの影響で世に歴女《レキジョ》は増えたとはいえ、「戦国時代イマイチわからん」という女子の皆様は多いのではないでしょうか。日本史の授業で習った最低限の人名と事件名（関ヶ原《せきがはら》の戦いとか）は知っているけれど、何をした人？　その戦いで誰と誰が戦ったの？　と聞かれると「？？？」。親子兄弟で似たような名前が多いうえ、途中で名前が変わったりするもんだから、さらにパニック。しかも戦ってばっかりで、共感できる要素も少なくって、正直あんまり興味アリマセン。どうせ男尊女卑《だんそんじょひ》の時代で、女が活躍する余地《よち》もなかったんでしょ。……わかります、わかります。じつは私もそう思っていました。

しかし、ややこしい要素をできる限り省《はぶ》いてシンプルにし、私たちにもちょっとは想像のつく現代の「企業戦争」に置《お》きかえてみると、おやおやこれは、陰謀《いんぼう》あり、裏切りあり、倍返《ばいがえ》しあり、友情あり、オフィス不倫《ふりん》スキャンダルあり……と、まるでどこかで見たことありそなドラマの世界ではないですか。それに加えて、ＢＬ（ボーイズラブ）やヤンキーものなどのマンガ要素まであるときたもんだ。

しかも、大人しく屋敷《やしき》に籠《こ》もってるだけかと思っていた戦国女性たち、なんのなんの、なかなか強くてしたたかで、結構活躍《けっこうかつやく》しておられますよ。いつの世も女は強いんですね。

そんなわけで、この本は主に「企業闘争《とうそう》に奮闘《ふんとう》する夫たちを見守る妻たちの視点」から物語を進めてみました。「戦《いくさ》のことも企業内紛《ないふん》のことも、よくわかんないけど、私たちは私たちで戦ってるのよ」という女性たちです。あ、「女子にも分かりやすく」をモットーに描いていますが、もちろん男性読者の皆様も大歓迎《だいかんげい》ですよ。


殺し殺されの血なまぐさい戦国の話を、現代の、しかもちょっとコメディータッチの物語に置きかえるわけですから、多少強引なところやおかしな部分もありますが、そこは笑って許していただければ幸いです。

と、読者の皆さんに広い心を求めた上で、『もしも真田幸村《さなだゆきむら》が無職ダンナだったなら』……じゃなくて『中小企業の社長だったなら』始まり始まり〜。

もしも真田幸村が中小企業の社長だったなら

MOSHISANA

もくじ

※本書における各人物の年齢は生年から逆算したものであり、
厳密な満年齢や数え年とは異なる場合があります。

登場人物解説

こぼれバナシ

戦国事件簿

Mail from 戦国武将

合戦解説

第1章 大阪冬の陣編

もしも真田幸村が無職ダンナだったなら

＊幸村には 12 人の子がいたとされ、正室・竹林院（利世）が産んだのはそのうちの 6 人または7人。

夫が無職
バキッ
え？
一瞬《いっしゅん》恐かった？
やだ～すみません
ホホホホ
怒ると顔が老けちゃう～
ポイッ
ああそう
夫は真田《さなだ》幸村《ゆきむら》って
言います
いえ 仲は良いですよ？
ホントホント
本のタイトルが
『中小企業の社長』に
なってるって？
アラ
注文たくさん…
いえ
嘘《うそ》じゃないんですよ
以前は社長だったんです
まあ出版社的にも
タイトルが「幸村がニートなら」だと
アレなんじゃない
ですか？

ウチは小規模ながらも
優《すぐ》れた技術力を持つ
製靴《せいか》メーカーで
真田紐
よき理解者
真田 信之
創業者
真田 幸隆
二代目
真田 昌幸
真田 幸村
夫の幸村は
その三代目社長でした
40代
これまた若いって? 心が少年のままなんでね…
その技術力は
業界でも高く評価されていて
業界最大手である
天下一豊臣デパートの
プライベート
ブランドを
一手に引き受けて
製造していました

＊豊臣秀吉の死後、豊臣家家臣の中で、石田三成を中心とする文治派と、加藤清正・福島正則ら武断派の対立が激化。

＊五大老の一人・徳川家康が武断派を率いて東軍となり、石田三成率いる西軍と対立。

経営体制を巡る争いは
関連会社や
取引先をも巻き込み
株主総会《かぶぬしそうかい》に向けての
委任状争奪戦《プロキシーファイト》に発展
西軍
東軍
ワー
「天下分け目の戦い」
とまで呼ばれました

＊関ヶ原の戦い（1600年）／全国の大名・武将が東軍方・西軍方に分かれて参戦した。

そして運命の株主総会は
身内の裏切りもあり
三成部長派が敗北
ほっほっほ
「企業改革」の名のもと
三成派の大量リストラと
左遷《させん》が断行されました
そう 有名な
関《せき》ヶ《が》原《はら》事件
です
ガ
クーッ
チョンッ
チョンッ
チョンッ
しまながし
オロ
オロ

＊小早川秀秋の裏切りを契機に西軍から東軍に寝返る者が続出し、関ヶ原の戦いは半日足らずで終結した。

＊西軍に加勢した真田昌幸・幸村親子は関ヶ原の戦いの後、紀伊国（現在の和歌山県）九度山に配流される。

＊真田昌幸は第一次・第二次上田合戦で家康と対決し、両戦とも勝利。

＊徳川家康は、1603 年に徳川（江戸）幕府を開府。

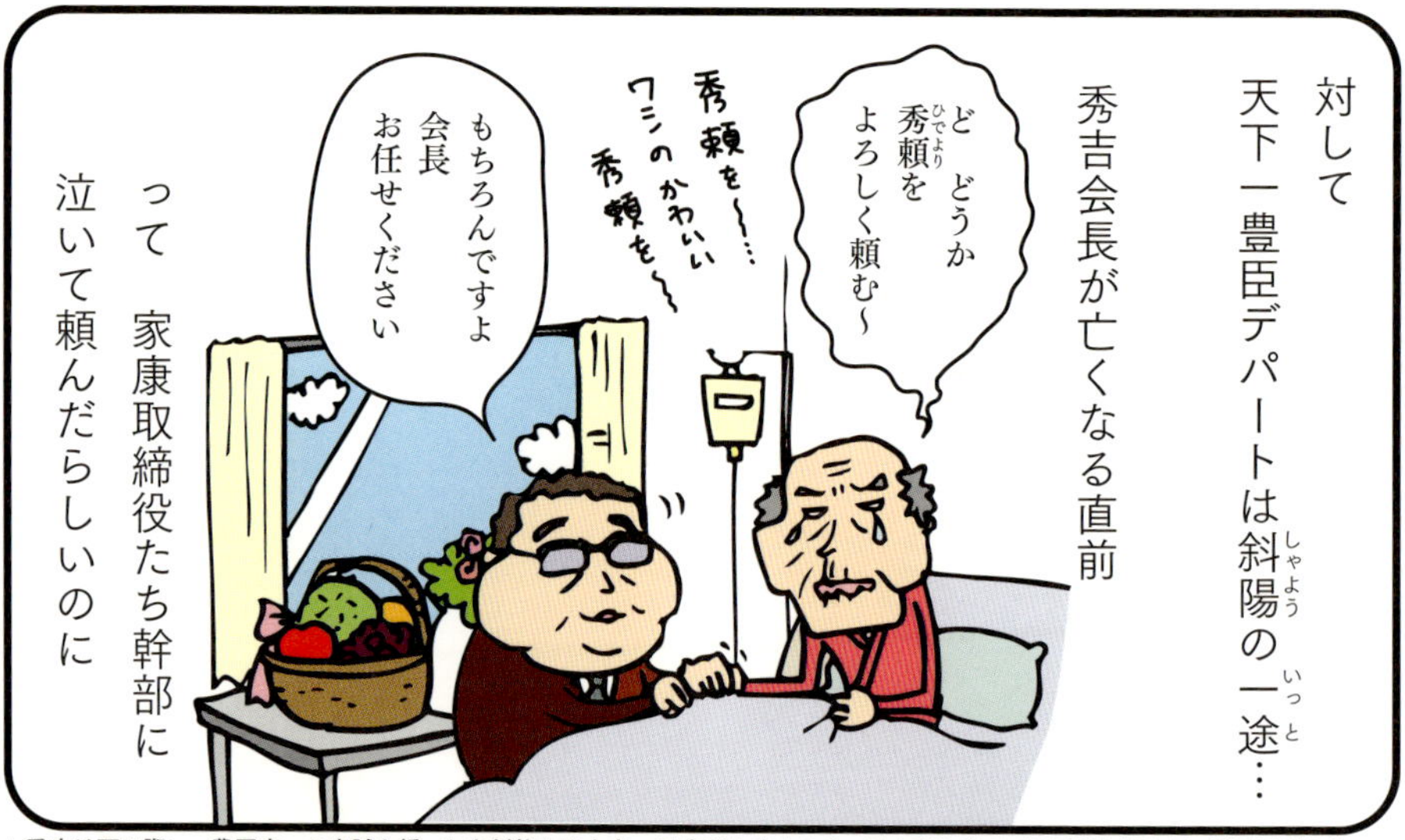

＊秀吉は死に際し、豊臣家への忠誠を誓った血判状を五大老・五奉行に交わさせ、五大老に宛てては秀頼を頼む旨の遺書を遺した。

＊真田紐／九度山に蟄居中の幸村とその家族が作り、行商人を通じて販売。「強く丈夫な紐」として武具・甲冑などに重宝された。

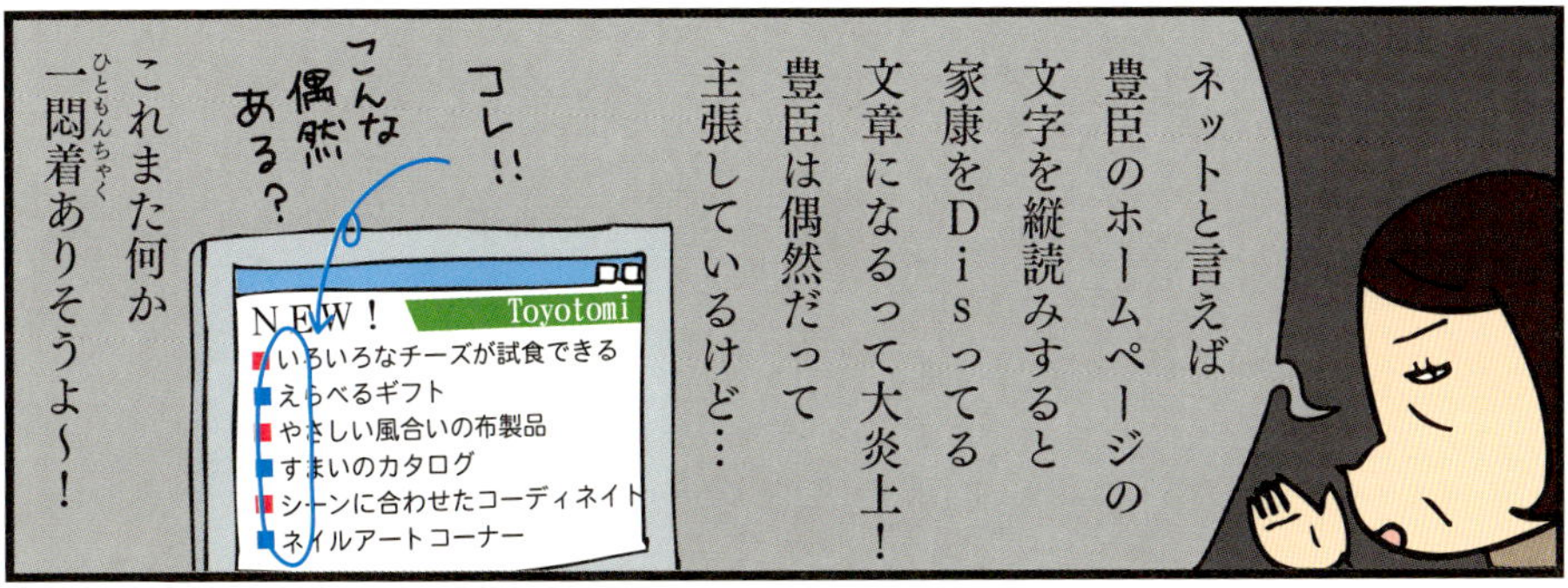

＊方広寺鐘銘事件（1614年）／秀頼が鋳造させた方広寺の梵鐘に刻まれた銘文が、家康に対する呪詛であると糾弾された。

＊秀頼は支度金として幸村に黄金 200 枚、銀 30 貫を送るとともに、豊臣方勝利の場合は 50 万石の大名に取り立てることを約束。

でででも
トヨトミと共倒れしたら
元も子も…
大丈夫《だいじょうぶ》だ利世
俺だってやすやす
やられはしないさ
勝算《しょうさん》はある!
サナダの力で天下一豊臣を
立て直して見せる!
秘策《ひさく》も用意してある
倍返しだ!!
幸村が幟《のぼり》
まだ折れはせぬ!
燃えよ我が魂!
色んなセリフパクってるけど
勝てる気しねぇ…
そして
宣戦布告通り
徳川デパート大阪店が
天下一豊臣デパート本店の
となりにオープン
「大阪冬の陣」と呼ばれる
冬のセール商戦が
始まったのです
TOKUG
NEW OPEN!!
TOYOTOMI
天
冬のクリアランス
天下一トヨトミ

ホントはこんな話

今でこそゲームのイケメンキャラクターになり、大河ドラマの主人公になるほど名の知れた幸村《ゆきむら》ですが、じつは大坂の陣まではほとんど活躍の場すらなく、ほぼ無名の存在でした。それどころか、33歳から47歳の働き盛りを無職の自宅警備員として過ごし、やることはと言えば飲酒と連歌《れんが》と子作りくらい（無職期間に5人生まれてます）……って『ダメダンナ図鑑』掲載決定かと思わせるトホホっぷり。ただこれには理由がありまして、33歳のときに起こった関ヶ原《せきがはら》の戦い（102頁）で負け方の西軍についたため、合戦後、高野山《こうやさん》の九度山《くどやま》に幽閉《ゆうへい》という処分を受けたからなんです。

真田家はもともと信濃《しなの》の小豪族《しょうごうぞく》でしたが、幸村の父・昌幸《まさゆき》（50頁）の代に、次々に主君を変えながら群雄割拠《ぐんゆうかっきょ》の戦国時代を泳ぎぬき、お得意のトリッキー作戦で地味ながらも密《ひそ》かに大活躍、豊臣政権化で大名にまでのし上がりました。

しかし、天下人・豊臣秀吉《とよとみひでよし》（76頁）が、5歳の息子・秀頼《ひでより》（92頁）を残して死去。秀吉は徳川家康《とくがわいえやす》（124頁）らに秀頼の後見を託《たく》していましたが、老獪《ろうかい》な百戦錬磨《ひゃくせんれんま》がおとなしく子供のお守《も》りをしているわけもなく、間もなく始まったのが、徳川家康率《ひき》いる東軍と、豊臣家家臣・石田三成《いしだみつなり》（103頁）率いる西軍がぶつかった関ヶ原の戦い。この合戦は日本全国の大名たちが東軍・西軍に分かれて戦い、後の明暗を分けたことから、「天下分け目の戦い」と呼ばれました。結果は石田三成の不人気が災《わざわ》いして西軍の負け。幸村も敗軍の将として死罪になるべきところでしたが、徳川方についていた兄・信之《のぶゆき》（48頁）らの必死の助命嘆願《じょめいたんがん》で九度山に流罪となりました。命だけは助かったものの、収入も将来の展望もない日々。幸村の正妻（豊臣家家臣・大谷吉継《おおたによしつぐ》の娘。本作では利せ《りよ》［21頁］）が、甲冑《かっちゅう》などに使う丈夫な紐を製作し「真《さな》田紐《だひも》」として堺の商人を通じて販売し、生計を立てていたと言われています。ってもう、女房に紐作らせて、文字通りヒモ状態。大丈夫か、幸村！

そんな、やる気はあるのに活躍の場がなく、いたずらに老いていくニートな日々に、やっと舞い込んだ千載一遇《せんざいいちぐう》のチャンス、それが大坂冬の陣（32頁）でした。家康が、豊臣家を滅ぼすべく、21歳の若者に成長した豊臣秀頼とその母・淀殿《よどどの》（茶々《ちゃちゃ》［91頁］）に対して仕掛けた戦いです。家康を恐れさせた智将・昌幸は九度山幽閉中に死去していましたが、その息子として実力未知数な幸村に、秀頼は支度金《したくきん》として金200枚、銀30貫――現在の価値にして約9億円にもなる大金を積み、客将として招いたのです。父・昌幸の旧臣を招集し、長男・大助を連れて九度山を脱出、大坂城に入城した真田幸村、このとき47歳。のちに「日本一《ひのもといち》の兵《つわもの》」と称される豪傑《ごうけつ》が、やっと歴史の表舞台に登場した瞬間でした。

真田幸村《さなだゆきむら》

1567〜1615年。戦国時代の武将。本名は真田信繁《のぶしげ》。

幸村という名は、実は江戸時代の軍記物《ぐんきもの》の中で初めて登場した呼び名で、彼の本当の名前は信繁です。なんかイメージ違う？……ですよね〜。信繁だと誰だそりゃ？って感じなので、本書では幸村で通したいと思います。で、その信繁……じゃなくて幸村、ゲームのイメージから、熱血漢《ねっけつかん》の若いイケメンをイメージされる方も多いと思いますが、実際の彼は、後藤又兵衛《ごとうまたべえ》（35頁）の部下の日記に「45歳前後の小男《こおとこ》」と記され、九度山《くどやま》時代には自分でも「すっかり歯も抜け、髭《ひげ》も黒い部分はほとんどなく…」と手紙に書いていて（あっ、待って！本閉じないで！）、まぁ手紙のほうは謙遜《けんそん》を含《ふく》めてのことと考えても、年相応《としそうおう》の、ちっちゃめの普通のオッサン……いやいや、背の低い中年男だったようです。すみませんね、イメージことごとく破壊して。しかも前《ぜん》述《じゅつ》の通り、大坂の陣までの活躍エピソードはほぼゼロ。しかし、表舞台に登場してからの彼の活躍は本当にカッコイイ！　夏の陣で討死はしましたが、家《いえ》康《やす》（124頁）を切腹《せっぷく》寸前まで追いつめ、「日本一《ひのもといち》の兵《つわもの》」と称《しょう》されました。

利世《りよ》（竹林院《ちくりんいん》）

生年不詳《せいねんふしょう》～1649年。真田幸村《さなだゆきむら》（20頁）の正室。戦国武将・大谷吉継《おおたによしつぐ》の娘。出家《しゅっけ》後は竹林院と号《ごう》す。

本作では名前を「利世」としていますが、彼女の本当の名は伝わっていません（後世《こうせい》の小説等の中で利世、安岐姫《あきひめ》等の名前で登場）。幸村の九度山《くどやま》流罪《るざい》に同行し、6人（一説には7人）の子供を産み、他の側室の子供も引き取って養育していたようです（阿梅《おうめ》［139頁］は側室の子という説もアリ）。ダンナは無職で子だくさんというてんやわんやな日々を、真田紐《さなだひも》を作って家臣や商人に行商《ぎょうしょう》させ収入を得て支えていたというから、いやぁ、母は強し！ですね。大坂の陣のあと、娘のあぐりと共に徳川軍に捕らえられましたが、その後無《む》罪放免《ざいほうめん》となり、京都で娘夫婦らと暮らしました。ちなみに、父の大谷吉継は有能な武将でしたが、ハンセン病に罹《かか》っており、そのことを差別せずにつき合った石田三成《いしだみつなり》（103頁）に強い友情を感じていて、関ヶ原《せきがはら》の戦い（102頁）で西軍についたと言われています。そして小早川秀秋《こばやかわひであき》の裏切りを予見《よけん》し迎撃《げいげき》したものの他の部隊に包囲され、自刃《じじん》を遂《と》げました。

方広寺鐘銘事件《ほうこうじしょうめいじけん》

徳川家康《とくがわいえやす》は関ヶ原《せきがはら》の戦いのあと、豊臣《とよとみ》家の直轄地《ちょっかつち》や全国の金山銀山を「関ヶ原の功績の恩賞《おんしょう》」って名目でまんまと取り上げて、まずは豊臣家の収入を絶《た》つことから始めたの。その上で、寺社の改築や寄進《きしん》を勧《すす》めて豊臣家に金を遣《つか》わせ、その豊富な財力を徐々《じょじょ》に切り崩させたって言うから、さすがにぬかりがないわよね～。で、その「無駄遣いお勧め作戦」の一環《いっかん》として、家康は秀頼《ひでより》に方広寺の大仏殿の再建をさせていたんだけど、その方広寺の新しい梵鐘《ぼんしょう》に刻まれた銘文《めいぶん》が、家康を呪う内容なんじゃないかと、大問題になったの。『国家安康《こっかあんこう》』『君臣豊楽《くんしんほうらく》』というものだったんだけど、これが「家」と「康」を切り離し、「豊臣」をひとつにして繁栄《はんえい》を願うという意味が込められてるんじゃないかってね。豊臣側は「そんな意味はない。邪推《じゃすい》しすぎ」って否定したんだけど、確かになんであえてこの字を使ったの？って気がしなくもない……。どちらにせよ、こんなビミョーな時期にツッこまれるようなことする豊臣もどうかと思わない？　結局「徳川に敵意アリ」とみなされ、大坂の陣を起こす口実を与える形になっちゃうんだから。

幸村誕生～大坂の陣まで

年次	月	出来事
1567（永禄10年）		真田幸村誕生。
1575（天正3年）		父・真田昌幸が家督を継ぐ。
1582（天正10年）	3	武田氏、滅亡。
1585（天正13年）	7	幸村、上杉氏の人質となる。
		第一次上田合戦。昌幸、家康軍を破る。
1586（天正14年）		幸村、豊臣氏の人質となる。
1590（天正18年）		小田原征伐（幸村初陣）。
1594（文禄3年）	11	幸村、従五位下左衛門佐に叙任、豊臣姓を下賜される。
		大谷吉継の娘と結婚。
1598（慶長3年）	8・18	**豊臣秀吉死去。**
1599（慶長4年）	3	前田利家死去。
1600（慶長5年）	6	家康、会津征伐のため大坂を出立。
		犬伏の別れ。
	9・11	**第二次上田合戦。**
		昌幸・幸村、秀忠軍を破る。
	9・15	**関ヶ原の戦い。**
	12	昌幸・幸村、九度山へ配流。
1601（慶長6年）		幸村の長男・大助誕生。

年次	月	出来事
1603（慶長8年）	2	家康征夷大将軍となり、徳川幕府を開く。
	7	秀忠の長女・千姫が秀頼に嫁ぐ。
1604（慶長9年）	8	豊国社臨時祭。
1605（慶長10年）	4	徳川秀忠が2代将軍となる。
		家康が秀頼に上洛要請。豊臣家が拒否。
1606（慶長11年）	3	家康、江戸城増築の天下普請を諸大名に命ずる。
1607（慶長12年）	7	家康、駿府に隠居。
1611（慶長16年）	3	家康、二条城で秀頼と会見。
	6・4	昌幸九度山にて死去。
1612（慶長17年）		幸村、出家して好白を名乗る。
1614（慶長19年）	7	**方広寺鐘銘事件。**
	9	片桐且元が徳川と交渉するも決裂。
	10	且元が大坂城を去る。
		家康、大坂出陣を命令。
		幸村に秀頼から招聘の使者がくる。
	10・10	幸村、大助とともに九度山を脱出。大坂入城。
	10・11	家康、駿府より大坂へ出陣。
	11	**大坂冬の陣開戦。**

激闘！大阪冬の陣！

おっとっと…
あ　すみません
いまセール中で忙しくって…
どうも僕は真田大助《さなだだいすけ》
ストック置場
催事用
ふぅ…
真田大助
大阪冬の陣を前に天下一豊臣デパートに出店するため父と一緒にやって来ました
倒産したサナダ製靴《せいか》を立て直すまたとないチャンスなんです！僕も進学を諦《あきら》めて働いてます！
でもここだけの話最初はかなり厳しい戦いでした
ひそひそ
徳川の圧力もあって天下一豊臣からは主要ブランドがのきなみ撤退《てったい》しただけでなく正社員もみな辞めてしまって…

厚待遇《こうたいぐう》で緊急募集をかけて
正社員を大量採用してるんですが
どうみても接客向けじゃない
人材も多くて…
ぞろぞろ ぞろ
そして出店するのも
無名ブランドばかり…
ま、うちもそうなんですけどネ

＊豊臣家は大坂冬の陣に先駆け、その豊富な財力を武器に兵を集めたが、集まったのは浪人ばかり約 10 万人。

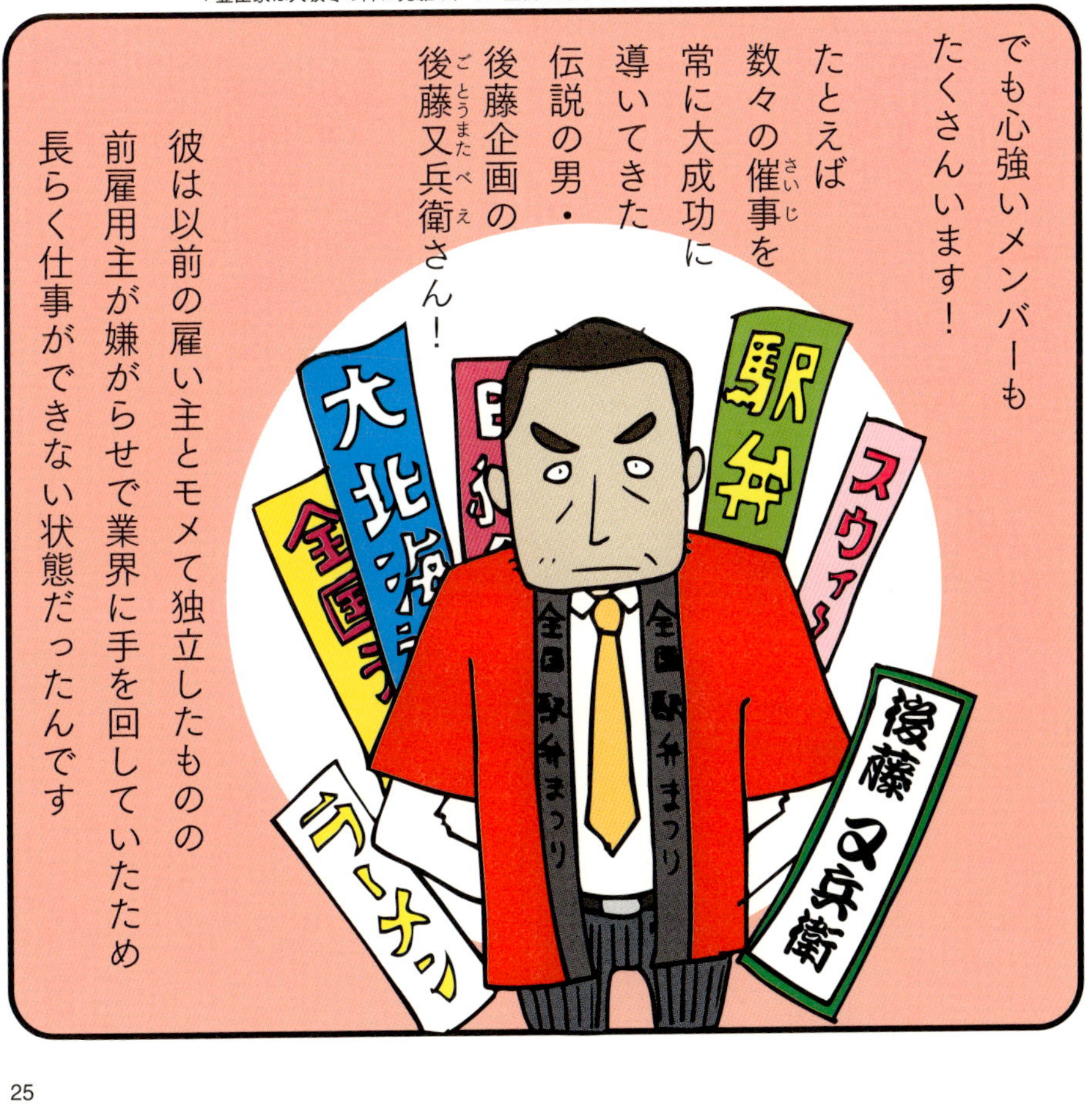
でも心強いメンバーも
たくさんいます！
たとえば
数々の催事《さいじ》を
常に大成功に
導いてきた
伝説の男・
後藤企画の
後藤又兵衛《ごとうまたべえ》さん！
駅弁
後藤又兵衛
全国駅弁まつり
彼は以前の雇い主とモメて独立したものの
前雇用主が嫌がらせで業界に手を回していたため
長らく仕事ができない状態だったんです

＊後藤又兵衛は冬の陣に際し、短期間で浪人衆を野戦機動兵に育て上げ、遊撃隊を結成。

＊幸村は大坂城の南東に「真田丸」という出丸を建築し、徳川勢を迎え討った。

＊冬の陣での徳川方の戦死者の約８割が真田丸での損害によるものだと伝わる。

＊幸村の兄・信之は徳川家臣だったため、豊臣勢の中でも幸村の裏切りが懸念されていた。

＊豊臣秀頼は冬の陣の講和に反対したが、茶々の強い意向に逆らえなかった。

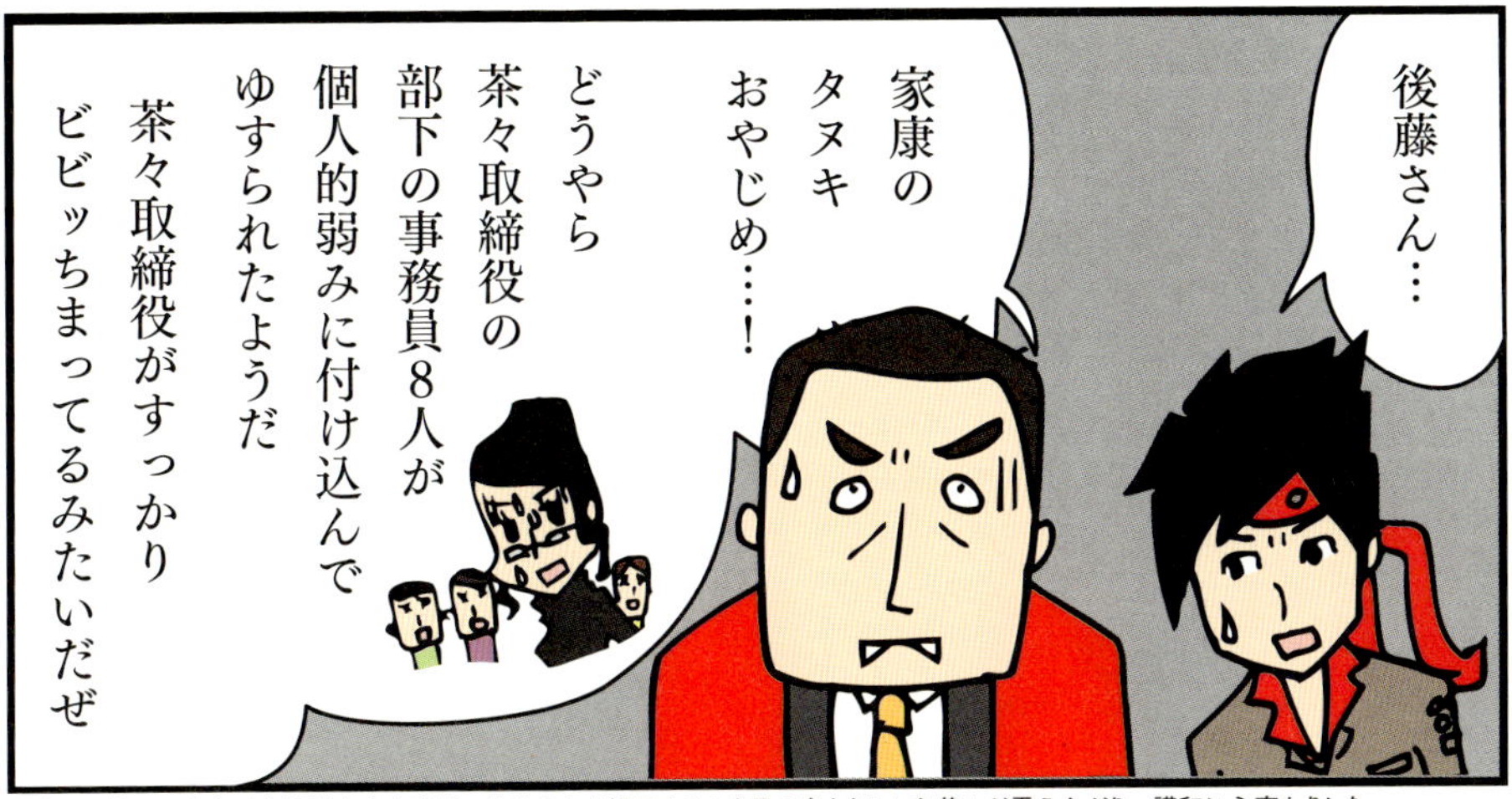

＊徳川が撃った大砲が大坂城本丸を直撃、侍女8人が爆死するのを目の当たりにした茶々が震え上がり、講和に心変わりした。

＊家康は十万石で徳川方につかないかと幸村をヘッドハンティング。

＊それに対し幸村は「完全に和平となった後なら、たとえ千石でも喜んでご奉公いたします」と答えたという。家康はさらに信濃一国を提示するが、幸村は拒否した。

ホントはこんな話

関ヶ原《せきがはら》の戦いに勝利し、3年後、徳川幕府を開いた徳川家康《とくがわいえやす》（124頁）にとって、豊臣《とよとみ》家はまさに目の上のたんこぶ。すでに実質的な政権を握っているのは家康だというのに、秀吉《ひでよし》の遺児・秀頼《ひでより》（92頁）の母である淀殿《よどどの》（茶々《ちゃちゃ》［91頁］）は、いつまでも天下は豊臣家のものだと思っていて、家康など秀頼が成人するまでの後見人に過ぎないと考えていました。はじめは自分の孫娘・千姫《せんひめ》を秀頼に嫁《とつ》がせるなどして友好関係を保とうとしていた家康ですが、淀殿と秀頼がおとなしく徳川の臣下に下りそうにないことが分かると、豊臣家を滅ぼすことを決意。方広寺鐘銘事件《ほうこうじしょうめいじけん》（22頁）を口実に豊臣家にイチャモンをつけ、宣戦布告。そうして始まったのが1614年の大坂冬の陣です。

戦いを挑まれた豊臣家は、秀吉の遺した莫大な資金を使って武器を買い揃え、武将や兵を集めましたが、そのうちの一人が九度山《くどやま》でくすぶっていた幸村《ゆきむら》。それにしても、徳川に負けなしの真田昌幸《さなだまさゆき》（50頁）の息子だからと言って、ほぼ無名のニート中年・幸村を、秀頼が大金を積んでまで召抱《めしかか》えようとしたのはなぜでしょう？　それはズバリ「他に人がいなかったから仕方なく」。そう、秀吉の死から16年、もはや天下は家康のものになっていました。その家康に宣戦布告された秀頼に味方する大名など誰ひとりおらず、豊臣家は金をチラつかせて浪人——住所不定無職の武士を集めるより他になかったのです。とは言え、金の力は偉大で、大坂城には10万人もの住所不定無職が集結（別の意味でコワい）、なかには幸村や後藤又兵衛《ごとうまたべえ》（35頁）ら優秀なのに訳アリで人生充電中の者もいました。

そんな「ニート寄せ集め豊臣VSリア充徳川」の大坂冬の陣。秀頼の居城・大坂城は、堀と惣構《そうかまえ》に何重にも囲まれた難攻不落《なんこうふらく》の城で、周りを取り囲んだ約20万の徳川軍は堀を突破することができない上に、幸村が築いたトリッキーな出城・真田丸《さなだまる》（32頁）の攻防で大損害を受け、苦戦を強《し》いられます。雑草パワーを前に、楽勝でないことを悟るや、裏でキッチリ和平交渉を進めているのも、老獪《ろうかい》なタヌキ……いやいや、しっかり者の家康らしいところ。大活躍の幸村にも、異例の厚待遇でのヘッドハンティングを持ちかけたりもしています（もちろん幸村は断りました）。当初は和平案を突っぱねていた豊臣方ですが、徳川方の輸入モノの大砲が本丸を直撃、侍女8名が爆死するのを目の当たりにした淀殿は震え上がり、一転、和睦《わぼく》を受け入れることになり、大坂冬の陣は終結。しかしこれはもちろん、家康の作戦のうち。「和平」という名のもとに、堀を埋め惣構を潰し、真田丸を解体、難攻不落だった大坂城を防衛力ゼロの裸城へと変えてしまいます。次こそ確実に豊臣家を滅ぼすために。

そうして歴史は、戦国時代最後の戦い・大坂夏の陣へとなだれ込んで行くのです。

大坂冬の陣布陣図

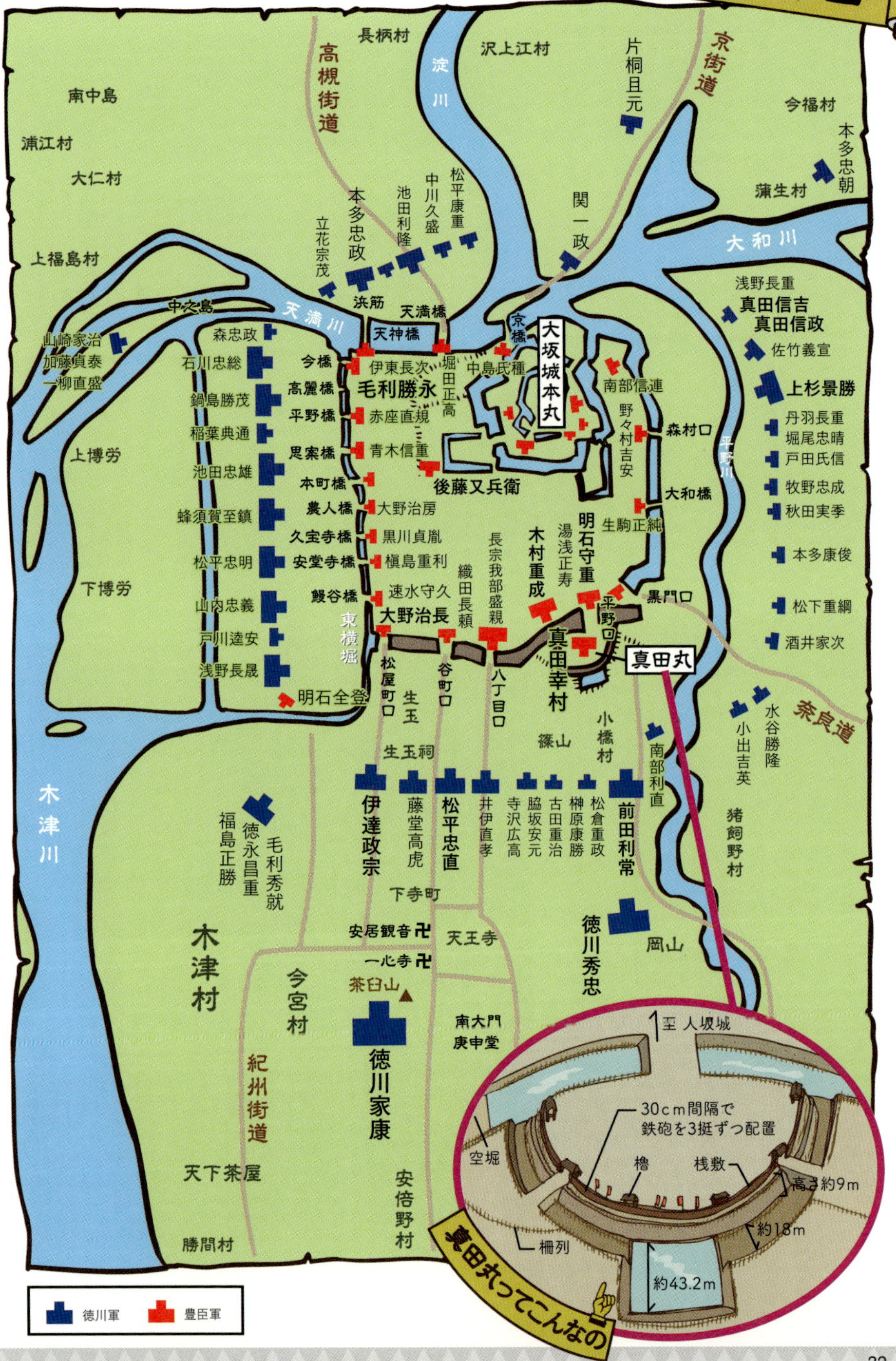

長柄村
沢上江村
淀川
片桐且元
京街道
高槻街道
南中島
浦江村
大仁村
今福村
本多忠朝
蒲生村
松平康重
中川久盛
池田利隆
本多忠政
立花宗茂
関一政
大和川
上福島村
浜筋
天満橋
天満川
中之島
天神橋
京橋
大坂城本丸
浅野長重
真田信吉
真田信政
佐竹義宣
上杉景勝
山崎家治
加藤貞泰
一柳直盛
森忠政
石川忠総
今橋
伊東長次
堀田正高
中島氏種
南部信連
鍋島勝茂
高麗橋
毛利勝永
平野橋
赤座直規
野々村吉安
森村口
稲葉典通
思案橋
青木信重
上博労
池田忠雄
本町橋
後藤又兵衛
大和橋
丹羽長重
堀尾忠晴
戸田氏信
牧野忠成
秋田実季
平野川
蜂須賀至鎮
農人橋
大野治房
久宝寺橋
黒川貞胤
明石守重
湯浅正寿
生駒正純
松平忠明
安堂寺橋
槇島重利
長宗我部盛親
木村重成
本多康俊
下博労
鰻谷橋
速水守久
織田長頼
黒門口
山内忠義
大野治長
松下重綱
東横堀
平野口
戸川逵安
酒井家次
浅野長晟
真田丸
真田幸村
明石全登
松屋町口
谷町口
八丁目口
生玉
小橋村
奈良道
篠山
生玉祠
南部利直
水谷勝隆
小出吉英
木津川
伊達政宗
藤堂高虎
松平忠直
井伊直孝
寺沢広高
脇坂安元
古田重治
榊原康勝
松倉重政
前田利常
福島正勝
徳永昌重
毛利秀就
猪飼野村
下寺町
安居観音
天王寺
徳川秀忠
岡山
木津村
一心寺
今宮村
茶臼山
徳川家康
南大門
庚申堂
紀州街道
至 大坂城
30cm間隔で
鉄砲を3挺ずつ配置
空堀
櫓
桟敷
高さ約9m
約18m
柵列
約43.2m
真田丸ってこんなの
天下茶屋
安倍野村
勝間村
徳川軍
豊臣軍

大坂城は北を淀川《よどがわ》と大和川《やまとがわ》に、東を平野川《ひらのがわ》に、西を東横堀《ひがしよこぼり》に守られていたのですが、南を守るのは空堀《からぼり》と石垣のみで、唯一のウィークポイントでした。そこで幸村《ゆきむら》はこの空堀の切れ目のひとつ・平野口《ひらのぐち》に、真田丸《さなだまる》と呼ばれる出丸《でまる》（本城《ほんじろ》から張り出して造られた小城・郭《くるわ》）を建設しました。近年の研究で、真田丸は大坂城との間を崖《がけ》に阻《はば》まれた孤立無援《こりつむえん》の出城《でじろ》だったのではないかと言われています。真田軍は、ちょっかいかけたくなるような雰囲気を醸《かも》し出すこの出丸からちょろっと兵を出しては罵声《ばせい》を浴びせて挑発《ちょうはつ》。それに引っかかって押しかけた徳川《とくがわ》軍をギリギリまでひきつけ、柵《さく》や堀に手間《てま》取っているところを一斉射撃《いっせいしゃげき》！という作戦で、徳川《とくがわ》軍に大打撃を与えます。冬の陣における徳川方の戦死者の約8割がこの真田丸の攻防によるものだったというから、この作戦がいかに大成功だったかがよくわかります。「またしても真田」と歯噛《はが》みする家康《いえやす》の姿が見えるかのようですね。この真田丸作戦にて、父に劣《おと》らぬ智将《ちしょう》と、幸村の名は一気に高まりました。

1614（慶長19年）	
7月	方広寺鐘銘事件《ほうこうじしょうめいじけん》
10月2日	豊臣秀頼《とよとみひでより》が兵を募《つの》る。開戦準備開始。幸村のもとに豊臣から招聘《しょうへい》の使者来る。
10月11日	家康、駿府《すんぷ》より大坂へ出陣。
11月15日	徳川軍、京を出発。大坂冬の陣開戦。
11月19日	木津川口《きづがわぐち》の戦い
11月26日	鴫野《しぎの》の戦い 今福《いまふく》の戦い
11月29日	博労淵《はくろうぶち》の戦い 野田《のだ》・福島《ふくしま》の戦い
12月3〜4日	真田丸の戦い
12月10日	家康、開城を促《うなが》す矢文《やぶみ》をうつ。
12月16日	徳川方の大砲が本丸御殿《ほんまるごてん》に命中、侍女《じじょ》8人が死亡。
	豊臣方、和議《わぎ》を申し出る。
12月18日	京極忠高《きょうごくただたか》陣営にて和議交渉開始。
12月20日	講和成立、冬の陣終結。

真田大助《さなだだいすけ》

1600~1615年。真田幸村《ゆきむら》（20頁）の長男。母は正室・竹林院《ちくりんいん》（利世《りよ》・21頁）。幸昌《ゆきまさ》という名でも伝わる。

大助は幸村が九度山《くどやま》配流《はいる》中に生まれ、大坂冬の陣の時に幸村と共に大坂城へ入城。1602年出生《しゅっしょう》との説もあり、いずれにしてもまだ13~15歳の少年でした。夏の陣では茶臼山《ちゃうすやま》で徳川《とくがわ》の松平忠直《まつだいらただなお》軍と戦い、戦功《せんこう》も挙《あ》げています。最後まで父と生死を共にしたいと切望しましたが、幸村から大坂城に戻って秀頼《ひでより》（92頁）に出馬《しゅつば》を請《こ》うよう命じられ、泣く泣く城に帰還《きかん》。その際、幸村から「秀頼様が逃げられるにしても、死を選ばれるにしても、どこまでもご一緒するように」と厳命《げんめい》されたといいます。父の命令どおり、大坂城落城《らくじょう》の翌日、他の武将から「まだ若いのだから」と脱出を勧《すす》められるも固辞《こじ》、秀頼に殉《じゅん》じその短い生涯《しょうがい》を終えました。「大将たるもの切腹《せっぷく》のときは膝鎧《ひざよろい》をとらぬもの。我も真田左衛門佐《さえもんのすけ》が倅《せがれ》なり」と言い、膝鎧をつけたまま自害《じがい》したと伝わります。武士とはいえ、生まれたときから浪人の子。日陰の暮らししか経験していないのに、何たる健気《けなげ》さ!!　おろろーーん!!

後藤又兵衛《ごとうまたべえ》

1560〜1615年。筑前《ちくぜん》の黒田《くろだ》家家臣。本名は後藤基次《もとつぐ》。又兵衛は通称。

又兵衛は黒田如水《じょすい》（勘兵衛《かんべえ》）に仕え活躍しましたが、如水の息子・長政《ながまさ》の代になって、謀反《むほん》の疑いをかけられドロップアウト。有能な又兵衛を召《め》し抱《かか》えたがっていた大名はたくさんいたものの、よっぽど恨みが深かったか、はたまた相当な粘着質だったか、長政が手を回してそれらを全て阻止《そし》。又兵衛は浪人の身となります。それでも怒り収まらない長政はストーカーの如《ごと》く又兵衛を追跡し、大坂に隠遁《いんとん》しているところを発見しますが、豊臣秀頼《とよとみひでより》（92頁）が「大坂の者はみな我が民」と又兵衛を庇《かば》います。そのことを恩義《おんぎ》に感じていた又兵衛は、大坂冬の陣の際、秀頼の招集に応じて大坂城入城。真田幸村《さなだゆきむら》、毛利勝永《もうりかつなが》（36頁）、長宗我部盛親《ちょうそかべもりちか》、明石全登《あかしたけのり》と共に大坂城五人衆と呼ばれました。冬の陣では遊軍として活躍。夏の陣では道明寺《どうみょうじ》の戦いに出陣しますが、幸村ら味方が濃霧《のうむ》に阻《はば》まれ遅刻、伊達政宗《だてまさむね》（144頁）隊ら10倍近い敵を相手に8時間にもわたって孤軍奮闘《こぐんふんとう》しますが、政宗隊の銃弾を受け落馬。敵に獲《と》られないよう、従者に介錯《かいしゃく》させて首を泥に埋めさせたと伝わります。

毛利《もうり》勝永《かつなが》

1577～1615年。豊臣《とよとみ》家家臣。大坂城五人衆のひとり。

勝永は、父と共に尾張《おわり》時代から豊臣家に仕えて来た古参《こさん》の家来。元々の姓は森《もり》でしたが、秀吉（76頁）に毛利姓を与えられ改姓しました（大名・毛利氏とは関係なし）。関ヶ原《せきがはら》の戦い（102頁）では西軍につき、伏見城《ふしみじょう》の戦いなどで戦功を挙げますが、戦後改易《かいえき》（今でいう更迭《こうてつ》）され職を失います。その後、旧知の仲だった土佐《とさ》の大名・山内一豊《やまうちかずとよ》に預けられて厚遇《こうぐう》され、関ヶ原負け組としてはそこそこラッキーな戦後を過ごしています。大坂の陣に先立って豊臣秀頼《とよとみひでより》（92頁）の勧誘《かんゆう》を受けた勝永は、山内氏（一豊死後、藩主は山内忠義《ただよし》）を言葉巧《ことばたく》みにだまして土佐を脱出、大坂城へ入城しました。山内氏にしてみれば、厚遇していたのに後ろ足で砂かけられたようなもので、相当お怒りだったようですよ。大坂の陣では大坂城五人衆として活躍、夏の陣では天王寺《てんのうじ》の戦いにおいて家康《いえやす》本陣に突撃して幸村《ゆきむら》の突破口を開くナイスアシストを決めています。幸村討死《うちじに》後も踏みとどまって戦線を支え、なんとか大坂城へ帰還。落城《らくじょう》後、秀頼を介錯《かいしゃく》し、勝永も殉死《じゅんし》を遂《と》げました。

木村重成《きむらしげなり》

1593～1615年。豊臣《とよとみ》氏の家臣。秀頼《ひでより》（92頁）の乳母《うば》・宮内卿局《くないきょうのつぼね》の息子。

ミーハー情報からで申し訳ないですが、木村重成と言えば、戦前までは元《がん》祖《そ》・アイドル武将として有名な存在。夏の陣の時点で22歳、色白で端整《たんせい》な顔立ちをしたイケメンで、幸村《ゆきむら》（20頁）たちのような浪人ではなく、秀頼の乳《ち》兄弟《きょうだい》で側近《そっきん》という「ちゃんとした身分」。アイドル・キムシゲに大坂城内の女性たちはキャーキャー大騒ぎだったとか。戦死する際に出ちゃうかもしれない腸《はらわた》も美しくなければと日ごろから食事も節制《せっせい》し、髪を洗って香《こう》を焚《た》きしめてから出陣《しゅつじん》したというから、天晴《あっぱ》れなアイドル魂《だましい》！ 大坂冬の陣では、後藤又兵衛《ごとうまたべえ》（35頁）と共に今福《いまふく》の戦いで活躍、感心した秀頼から秀吉秘蔵《ひでよしひぞう》の鎧《よろい》（異説では脇差《わきざし》）を下賜《かし》されたと伝わります。陣後は講和の使者として徳《とく》川《がわ》陣へも赴《おもむ》いています。夏の陣では八尾《やお》・若江《わかえ》の戦いに参戦、長宗我部盛親《ちょうそかべもりちか》と共に徳川の猛将・藤堂高虎《とうどうたかとら》と戦い、銃撃にて藤堂隊に甚大《じんだい》な被害を与えました。しかし、家臣が「そろそろ帰城しては」と勧めるのも聞かず奮戦《ふんせん》を続けた結果、不利な状況に陥《おちい》り、徳川方の18歳の若武者に討たれ、戦場に散ったのでした。

こぼれバナシ

活躍!? 真田十勇士《さなだじゅうゆうし》

真田幸村《さなだゆきむら》と言えば、有名なのが「真田十勇士」。え？　知らない？　では、猿飛佐助《さるとびさすけ》や霧隠才蔵《きりがくれさいぞう》と言えば、聞いたことがあるって方も多いのではないでしょうか。甲賀流忍者《こうがりゅうにんじゃ》・猿飛佐助、伊賀流忍者《いがりゅうにんじゃ》・霧隠才蔵、火縄銃《ひなわじゅう》の名手・筧十蔵《かけいじゅうぞう》や、幸村の影武者《かげむしゃ》・根津甚八《ねづじんぱち》のほか、三好清海入道《みよしせいかいにゅうどう》、三好伊三入道《みよしいぞうにゅうどう》、穴山小介《あなやまこすけ》、海野六郎《うんのろくろう》、望月六郎《もちづきろくろう》、由利鎌之助《ゆりかまのすけ》の10人を「真田十勇士」と呼びます。幸村の手足となって陰に日向《ひなた》に大活躍したって話ですが、実はコレ、残念ながら大正時代になってからの創作。根津甚八や穴山小介、望月六郎ら、実在する真田家臣もいますが、その活躍はだいぶ盛《も》られて伝わっている模様。謀略奇略《ぼうりゃくきりゃく》に富んだ戦場での真田マジックが、「スゲー忍びを使っているとしか考えられない」となり、人々の空想力をかき立てたのかもしれませんね。

とは言え、忍《しの》びとは表に出ぬもの、歴史に名を残さぬもの。かつて武田信玄《たけだしんげん》のもとで暗躍した「素破《すっぱ》」と呼ばれる忍者たちが、真田家にも仕えていたと言われていますので、猿飛佐助のような忍者が、陰で実際にいい働きしてたのかもしれませんよ？

第2章

サナダ製靴所回想編

夜露死苦！小松姉さん！

CAFE
ごめんね 待った？
お義姉さん
小松姫
すみません お忙しいのに
いいのいいの！ 利世《りよ》さん 元気そうね 安心したわ
この人は 幸村《ゆきむら》の兄・信之《のぶゆき》 の奥さん つまり私の義姉にあたる 小松《こまつ》姉さん
実は義兄・信之と 小松姉さんは 徳川《とくがわ》方の 人間なのです
それより やっぱり 徳川方につく ことはできない？
ええ 徳川から大金を 提示されたんですが 幸村はやっぱり トヨトミを裏切ることは できないって…
そう… 幸村くんの性格だと そうでしょうね

＊犬伏の別れ／関ヶ原前夜、昌幸・信之・幸村の三人は犬伏（現在の栃木県）にて密談、昌幸・幸村は西軍に、信之は東軍につくことを決めた。

＊本多忠勝／徳川四天王・徳川十六神将・徳川三傑のひとり。生涯 50 戦以上の戦に参戦しながら、かすり傷ひとつ負わなかったと言う伝説を持ち、「戦国最強」と謳われる武将。

＊「孫に会いたい」と言って信之不在の沼田城に入城しようとした昌幸を、鎧と薙刀で武装した小松姫が追い返したと伝わる。

＊関ヶ原合戦後、信之による必死の助命嘆願の甲斐あって昌幸・幸村は死罪を免れ九度山配流となる。九度山時代も金品を仕送りし、父と弟一家の生活を支えた。

＊関ヶ原合戦の前哨戦・第二次上田合戦で、徳川家康の三男・秀忠は昌幸に翻弄されて大敗北し、関ヶ原本戦に遅参する。

＊真田家の旗印である六文銭は三途の川の渡し賃で、「戦場にあって死をも恐れず戦う」ということを意味している。

ホントはこんな話

時は遡《さかのぼ》って、関ヶ原《せきがはら》の戦い（102頁）直前のこと。幸村《ゆきむら》の父・昌幸《まさゆき》（50頁）のもとへ、石田《いしだ》三成《みつなり》（103頁）から「自分に味方せよ」との密書が届きます。その頃表面上は徳川家康《とくがわいえやす》（124頁）に従っていた昌幸でしたが、実は家康とはとにかく合わない！　以前からちょいちょい衝突《しょうとつ》していました。対して、石田三成とは親戚関係にあり、個人的にも親しい間柄。って、もうすっかり裏切りフラグは立っている状態ですが、昌幸は2人の息子、信之《のぶゆき》（48頁）と幸村を呼び、密談を行います。と言うのも、幸村のほうは三成の盟友・大谷吉継《おおたによしつぐ》の娘（利世《りよ》・21頁）を正妻にしている三成派ですが、長男・信之は徳川家重臣・本多忠勝《ほんだただかつ》の娘・小松姫《こまつひめ》（49頁）を正妻にしていて、家康の信任も厚いという徳川寄りの立場にいたからです。長時間に及ぶ協議の末、昌幸と幸村は西軍につき、信之は東軍につくということに決まりました。これが世に言う「犬伏《いぬぶし》の別れ」（密談を行った場所が犬伏――現在の栃木県佐野市だった）。親子兄弟が別れて戦うことにはなりますが、勝敗がどちらに転んでも真田の血を絶やさずに済むという昌幸の思惑があったとも言われています。

さて、関ヶ原本戦へ向かう途中の家康の嫡男・徳川秀忠《ひでただ》（125頁）が、裏切り者の昌幸をいっちょ叩いて行こかいという軽いノリで昌幸の居城・上田《うえだ》城へ立ち寄り、始まったのが第二次上田合戦です。兵力3万8000という秀忠の大軍に対し、昌幸の軍はわずか2500でしたが、ちょろっと城から出て攻撃してはすぐ逃げ帰るフリをして調子に乗った徳川軍を城の中までおびき寄せ、待ち構えてボコボコにするという奇策で大勝。ちょっとした寄り道のつもりだったのに、翻弄《ほんろう》されて足止めを食った秀忠は、関ヶ原本戦に間に合わないという大失態を犯します。これ、だいぶ恥ずかしいですね。家康も大激怒したそうですよ。ちなみにこの「砦《とりで》に誘《おび》き入れてボコる」という作戦は、大坂冬の陣の時の幸村の「真田丸《さなだまる》」にも受け継がれ、徳川軍はまたまたこれに引っかかっています。

この第二次上田合戦の際には、幸村が守る戸石城《といしじょう》を信之軍が攻め、すわ兄弟対決かという場面が出てきますが、幸村が戦わずして城棄《す》てる↓信之不戦勝で城ＧＥＴ↓家康に褒《ほ》められる、という、兄弟息の合ったしらばっくれプレイで回避。また「孫の顔を見に来た」といって信之不在の沼田城《ぬまたじょう》に尋ねてきた昌幸を、「義父といえど今は敵」と鎧《よろい》に身を固め薙刀《なぎなた》を持った嫁の小松姫が追い返すも、その夜、昌幸のもとに小松姫がこっそり孫を連れて会わせに行ったってほっこりエピソードも。なんだか真田一族、小芝居が多いですね。しかし、表向きは敵同士として戦うしかなかったものの、絆《きずな》は強く繋がっていたということなのでしょう。その後も信之は、関ヶ原で敗戦の将として死罪になるべき昌幸と幸村を命がけの助命嘆願《じょめいたんがん》で助け、配流《はいる》生活中も父と弟を援助し続けたのでした。

真田信之《さなだのぶゆき》

１５６６～１６５８年。真田昌幸《まさゆき》（50頁）の長男として生まれる。元の名は「信幸《のぶゆき》」。信濃上田藩《しなのうえだはん》の初代藩主、後に加増移封《かぞういほう》され、信濃松代藩《しなのまつしろはん》の初代藩主となる。

弟・幸村《ゆきむら》（20頁）に比べてあまり名の知られていない信之ですが、彼もまた父ゆずりの名将でした。家康《いえやす》（124頁）は信之の能力を大いに買っており、犬《いぬ》伏《ぶし》で彼が父弟と決別し東軍についたと聞いて、大いに喜んだと伝えられています。そして関ヶ原《せきがはら》の後には「父を死罪にするのなら、その前にまず自分に切腹《せっぷく》を命じてくれ」と申し出て父と弟の助命嘆願《じょめいたんがん》し、流罪《るざい》になった２人にこっそり仕送りして生活を支え、すねかじりの弟のことを「幸村こそが本当の侍《さむらい》だ。それに対して我々《われわれ》など見かけを必死に繕《つくろ》っているに過ぎない」と褒《ほ》め称《たた》え…って、信之どんだけいい人なん!!　しかも父弟が豊臣方だった為、常にスパイじゃないのかと疑われるツラ～イ立場。父とお揃《そろ》いの「幸」を外して「信之」に改名したのも徳川《とくがわ》への気遣《きづか》いから。そんな苦労を重ねて信之が真田の家名を守り抜いた甲斐《かい》あって、彼が初代藩主となった松代藩は、後に老中《ろうじゅう》まで出す名門となって明治まで続いたのでした。

小松姫《こまつひめ》

１５７３～１６２０年。徳川四天王《とくがわしてんのう》のひとり・本多忠勝《ほんだただかつ》の長女。１５８６年、徳川家康《いえやす》（124頁）の養女として真田信之《さなだのぶゆき》（48頁）に嫁《とつ》ぐ。信濃松代藩《しなのまつしろはん》２代藩主・真田信政《のぶまさ》、信濃埴科藩《しなのはにしなはん》２代藩主・真田信重《のぶしげ》らを産んだ。

小松姫は幼名を稲姫《いなひめ》といい、某有名戦国ゲームにはその名前で出ているので、稲姫と言った方がピンと来る方も多いかも。彼女の父は、50戦以上出陣《しゅつじん》しながらもその身に傷一つ負わなかったというザ・レジェンド、戦国最強と恐れられた本多忠勝（余談ですが、あまりの強さに別の有名戦国ゲームの中では生身の人間ではなくガン●ムばりのロボットにされてます）。そんな父に似たか、小松姫もなかなか漢気《おとこぎ》あふれる女性だったようで、第二次上田合戦《うえだかっせん》の時には鎧《よろい》と薙刀《なぎなた》で武装し、孫に会いに来たという名目であわよくば沼田城《ぬまたじょう》を奪おうとやってきた昌幸《まさゆき》（50頁）を毅然《きぜん》とした態度で追い返し、「さすが本多忠勝の娘。武将の妻はこうあるべし」と感嘆《かんたん》させたという逸話《いつわ》も。

彼女が亡くなった時、信之は「我が家の灯が消えた」と言って悲しんだと伝わります。

真田《さなだ》昌幸《まさゆき》

1547〜1611年。真田幸村《ゆきむら》（20頁）の父。

昌幸は最初、武田信玄《たけだしんげん》（60頁）に仕えていましたが、武田家滅亡《めつぼう》後は徳川《とくがわ》、北条《ほうじょう》、上杉《うえすぎ》、豊臣《とよとみ》と、コロコロと主家《しゅけ》を替えています。その移り身の早さから、豊臣秀吉《ひでよし》（76頁）に「表裏比興《ひょうりひきょう》の者《もの》」と言われたほど。表裏比興とは、裏表のある老獪《ろうかい》な食《く》わせ者というような意味で「アイツ、マジ油断ならん」ってところでしょうか。正面からのガチンコ勝負よりも、トリッキーな奇策《きさく》が得意な智謀《ちぼう》の将。……って良いように言ってるけど、要するに「ズルい奴」じゃないの？って感じもしますが、潰《つぶ》し潰《つぶ》されの下克上《げこくじょう》の世で家名《かめい》を守り、小豪族《しょうごうぞく》に過ぎなかった真田氏を大名にまでするにはそれくらいのしたたかさも必要だったってことで。徳川家を2度までもコテンパンにしたという実績も、名将として語り継がれる所以《ゆえん》。九度山幽閉《くどやまゆうへい》中に昌幸は亡くなりますが、大坂冬の陣に真田が豊臣方に参戦と聞いて、徳川家康《とくがわいえやす》（124頁）が怒りと恐れに震えながら「父か子か」と聞き、息子の幸村と聞き安堵《あんど》したという話も。家康を恐れさせた智将《ちしょう》・昌幸。ただのスネ夫キャラではありません。

こぼれバナシ

真田《さなだ》氏《し》について

僕たち真田一族はもともと信濃《しなの》（現在の長野県）の小豪族だったらしいですが、僕の曽祖父《そうそふ》・幸隆《ゆきたか》以前は、はっきり言って謎《なぞ》。出自も実はよく分からないんです。でも幸隆の代で武田氏《たけだし》に仕え始め、武田信玄《しんげん》でさえ攻略《こうりゃく》できなかった戸石城《といしじょう》をあっさり乗っ取ったり（どうも城内部に内通者《ないつうしゃ》を忍《しの》び込ませて攻略したみたい）、武田軍の信濃侵攻の先鋒《せんぽう》を担《にな》ったりして、歴史上にデビューします。その後、祖父・昌幸《まさゆき》が第一次・第二次上田合戦《うえだかっせん》共に徳川《とくがわ》軍を撃破、そして父・幸村《ゆきむら》が大坂の冬の陣で真田《さなだ》丸《まる》を構築し徳川軍を苦しめ、夏の陣で家康を切腹寸前《せっぷくすんぜん》まで追いつめるという大活躍を果たしました。幸隆・昌幸・幸村は「真田三代」と呼ばれ、家康《いえやす》を恐れさせた最強軍団として、後世《こうせい》にまで名を残してるんですよ。そして象徴的なのが「六文銭《ろくもんせん》」を象《かたど》った家紋《かもん》。六文銭とは、三途《さんず》の川《かわ》の渡し賃で、その心は「死をも恐れずに戦う」ということ。父も僕も、大坂の陣でその家紋に恥じぬ勇猛果敢《ゆうもうかかん》な戦いぶりを見せたでしょ？また、大坂の陣での真田軍は赤い軍装に統一し、「真田の赤備《あかぞな》え」と呼ばれました。ド派手な赤は目立つため敵に狙われる確率も高かったけど、士気《しき》を高め、兵の数を多く見せる効果も！

しかもカッコイイしね！

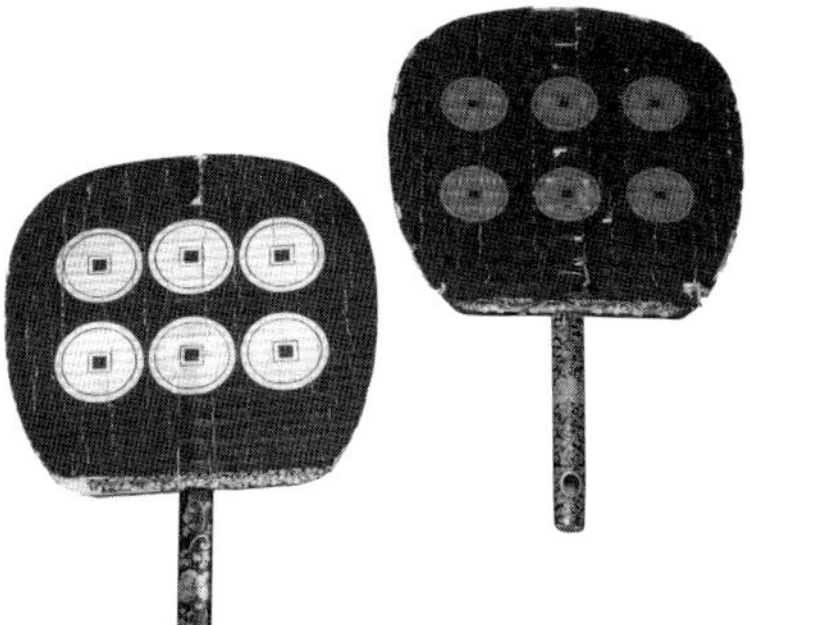

真田家伝来 軍配団扇（真田宝物館蔵）

松代藩初代藩主・信之の所用と伝えられる。幸村は徳川方の兄・信之の立場を配慮し、大坂の陣では六文銭の家紋は用いなかったとも言われている。

真田《さなだ》幸村《ゆきむら》から信之《のぶゆき》の家臣への手紙

自分以外の誰かが他の誰かに宛《あ》てた手紙やメールを読むのって、すごーく背徳感《はいとくかん》のある、魅惑的《みわくてき》な行為ですよね。逆に、過去に自分が書いたものを他人に読まれるのはとっても恥ずかしいもの。中には、燃やしてしまいたいくらい赤面モノの手紙もあったり……。

戦国武将たちもたくさんの手紙を書いていたようで、その一部は現在まで残って、私たちに彼らの人間性や当時のリアルな空気感を伝えてくれます。漢字だけで書かれたお堅いビジネスメールもあれば、仮名《かな》混《ま》じりのくだけたプライベートメールあり、中には甘～い（？）ラブレターまで。

それらを私たちに読まれることは、彼らの本意ではないかもしれませんが、そこは「歴史的資料《れきしてきしりょう》の閲覧《えつらん》」という名のもとに、覗《のぞ》き見ることを少しだけお許し願うこととしましょう。

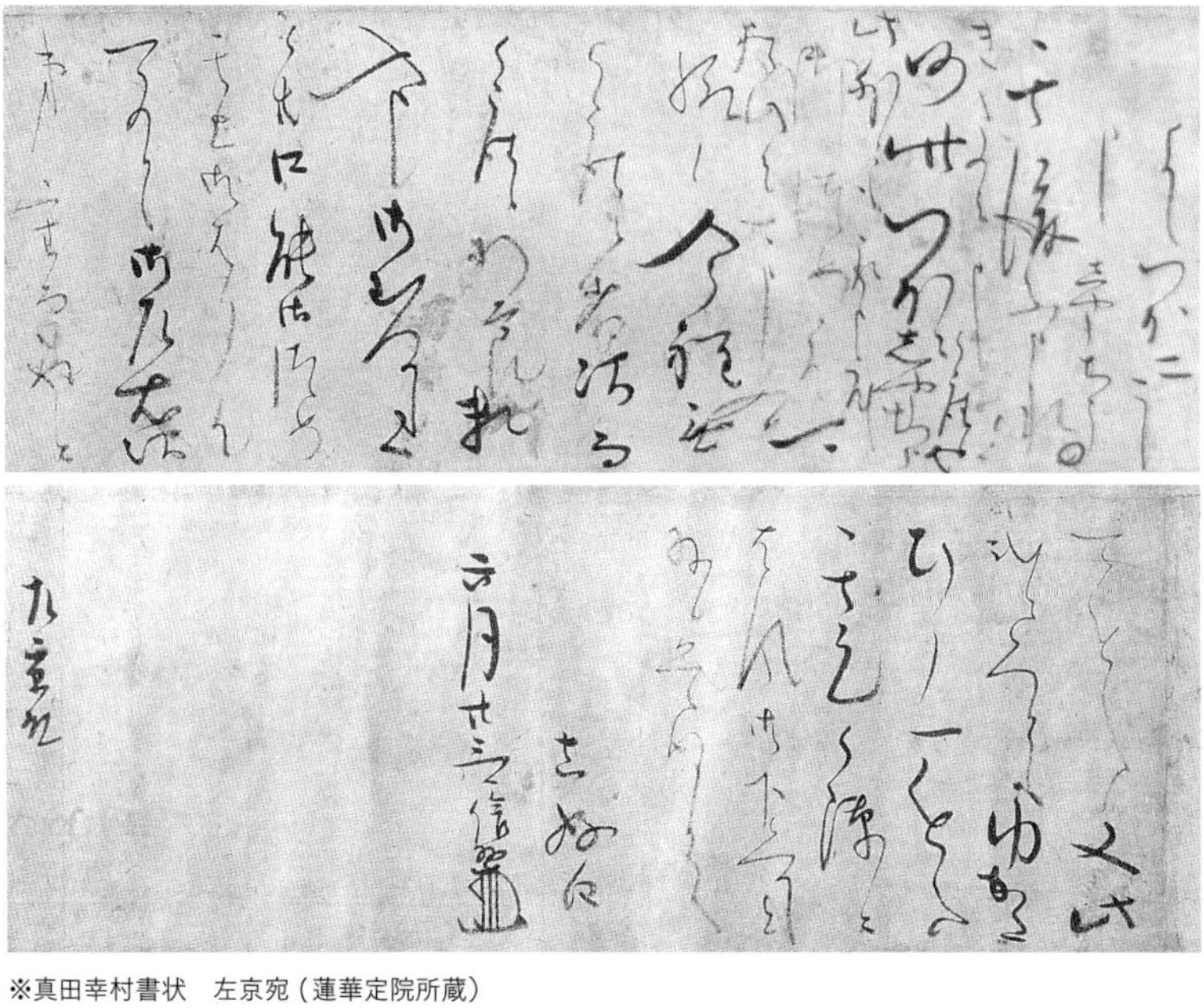

※真田幸村書状　左京宛（蓮華定院所蔵）

一通目はやはり、我らが無職ヒーロー・幸村サマ。九《く》度山《どやま》幽閉《ゆうへい》（いわゆる軟禁状態《なんきんじょうたい》）時代に、兄・信之の家臣に宛てて書かれたもの。立場上、兄に直接書けないから、家臣に宛てたわけですね。とすると、やはり「このままじゃ終わらないぞ」ってな決意表明メールでしょうか。……あ、そうじゃない？　酒を無心する、たかりメール？　う〜ん、ま、まぁ無職だしね……。

これ以外にも、幸村が自分の近況（愚痴《ぐち》含む）を綴《つづ》った手紙や、父・昌幸《まさゆき》が信之に宛てた「死ぬ前に一目だけでも会いたい」という切ない手紙、昌幸の死後、信之がその葬儀《そうぎ》を自分が行いたいと切望するも、義父・本田忠《ほんだただ》勝《かつ》に諫《いさ》められる手紙（でもこれも忠勝の気遣《きづか》いが出ていて好印象！）など、九度山の昌幸&幸村と信之の間での絆を感じさせる手紙は多く残っています。

それにしても、幸村よ……。米や塩ならまだしも、焼《しょう》酎《ちゅう》て……。いや、謀略《ぼうりゃく》の真田家だけに、コレ、実は暗号だったりするんじゃない!?　……違うか。


この壺《つぼ》に焼酎《しょうちゅう》を入れてください。

今切らしているなら、ついでの機会にでも頼みます。

難《むずか》しいかもしれませんが、壺の口に詰《つ》め物《もの》をして、外れないように紐《ひも》で縛《しば》ってください。

知らせがあり次第《しだい》取りに行きます。

つまらないものですが、浴衣《ゆかた》を一着お贈りします。

焼酎の件、くれぐれも頼みます。

他にも何かあればいただきますが、詳《くわ》しくは使いのものが申し上げると思います。

6月23日　　　　信繁（好白）

左京殿

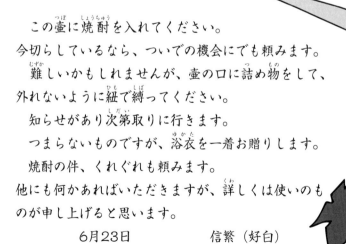

宿命の川中島対決〜師匠は風林火山

＊山本勘助／武田信玄の軍師。勘助の推挙により、幸隆は信玄に仕えるようになる。

＊幸村の父・昌幸は信玄・勝頼の2代に仕えた。信玄は昌幸の才を高く評価し「我が両目の如く者なり」と称えたと伝えられる。

そんな㈱武田の永遠のライバルが
業界一のインテリ社長・上杉謙信《うえすぎけんしん》氏率《ひき》いる
高級路線スーパーチェーン　㈱ウエスギ
UESUGI
上杉 謙信
冷静沈着で天才的戦術家と
呼ばれる謙信社長と
信玄社長は
いわば水と油
2人は宿命のライバル!

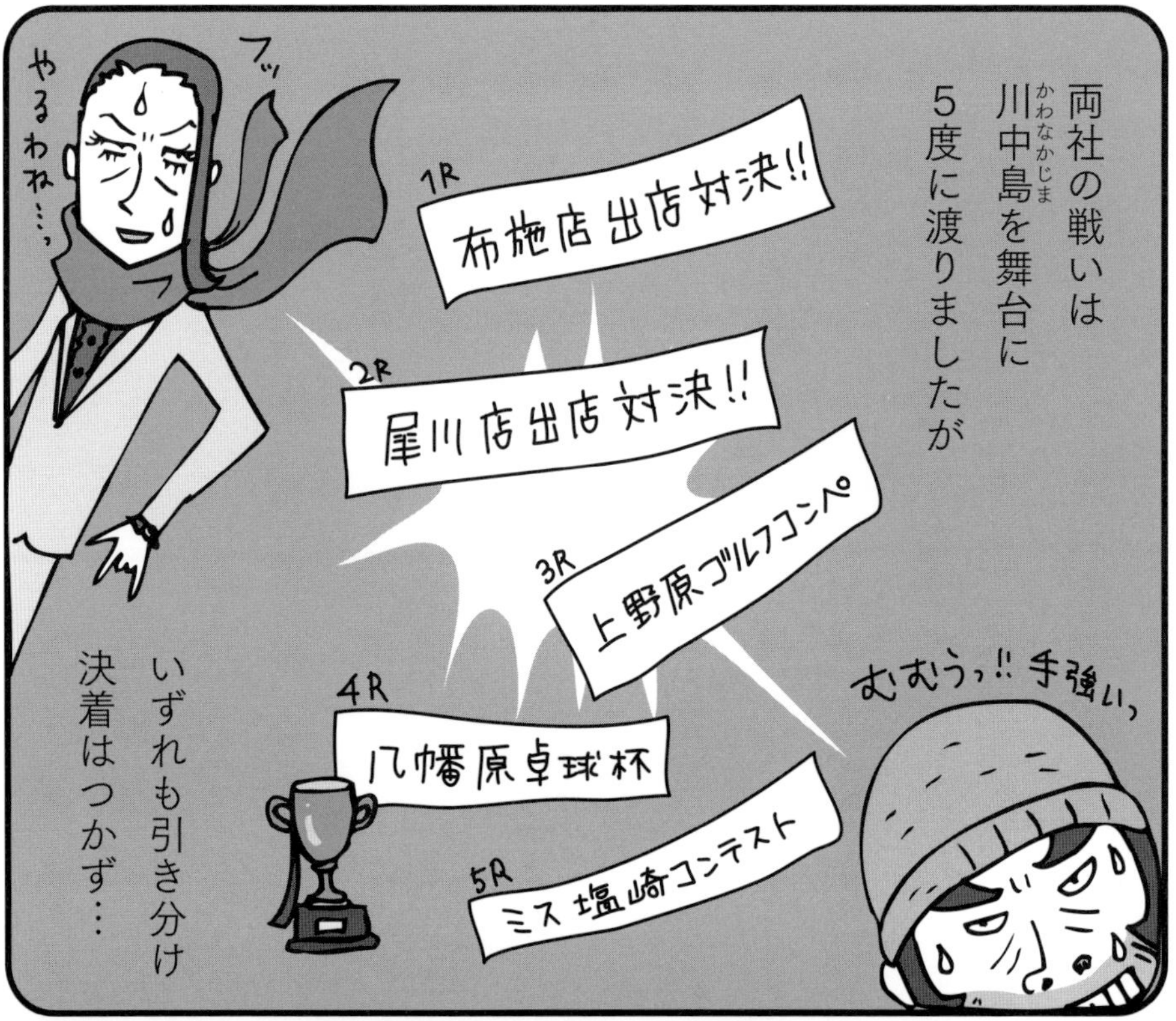

＊川中島の戦い／1553年から1564年まで計５回に渡り、武田信玄と上杉謙信が信濃北部の覇権を巡って行った合戦。

＊1573年、三方ヶ原の戦いにて信玄に大敗を喫した家康は、恐怖の余り脱糞しながら敗走したと伝えられる。家康がその時の姿を自分への戒めとして描き残させた肖像画が、通称「顰（しかみ）像」として残る。

＊謙信の刀を信玄が軍配で受けたという有名な一騎打ちシーンは 1561 年の第四次合戦（八幡原の戦い）での場面とされるが、後世の創作である可能性が高い。

＊生涯妻帯しなかったことや、数々の逸話・伝説から、上杉謙信女性説が存在している。

ホントはこんな話

戦国を舞台にした2大ゲーム両方の中で、幸村《ゆきむら》は武田信玄《たけだしんげん》（60頁）をお館様《やかたさま》と慕《した》い共に戦っているので、幸村が信玄の家来だったと誤解しているゲーマー諸氏も多いかと思いますが、信玄死亡時、幸村はわずか3歳。初陣《ういじん》前に武田氏は滅んでいますので、「見ていてくだされお館様！」「ワシが見ておるぞ幸村ァーッ！」というやり取りは、残念ながら、現実にはあり得ませんでした。実際に仕えていたのは、幸村ではなく、父の昌幸《まさゆき》（50頁）です。しかも信玄に「我が両目の如《ごと》く者なり」と称されるほど信頼され、活躍していたそうですから、さっきのやり取り、昌幸と信玄の間では交わされていた可能性はなきにしもあらず？

真田家は、幸村の祖父・幸綱《ゆきつな》の時に、武田軍の軍師《ぐんし》として有名な山本勘助《やまもとかんすけ》の紹介で、武田氏に仕え始めたと伝わります。昌幸は人質（いわば幸綱の忠誠の証《あかし》）として武田家に送られますが、信玄に才を認められ、奥近習衆《おくきんじゅうしゅう》（身辺のお世話係）に抜擢《ばってき》されるなど、グイグイ出世。第四次川中島合戦《かわなかじまかっせん》にて初陣を果たしています（幸綱も先鋒《せんぽう》として活躍）。

その川中島の戦いと言えば、武田信玄が永遠のライバル・上杉謙信《うえすぎけんしん》と5回戦って、結局勝負がつかなかったということで有名ですよね。なかでも、昌幸の初陣となった第四次合戦が最も激戦だったと言われていて、3度にわたる謙信の太刀《たち》を信玄が床机《とこつくえ》に座ったまま軍配《ぐんばい》で受ける、という有名な一騎打ちシーンも、この第四次合戦のときのワンシーンとされていますが、あまりに出来すぎのため、フィクションではないかという説が有力。たしかに、どんだけ固い軍配やねん！ていう気はしますよね。

信長《のぶなが》（78頁）や若き日の家康《いえやす》（124頁）が最も恐れた武将・武田信玄と、彼と互角の力を持つ上杉謙信。彼らがこの宿命の戦いにばかりかまけずに天下統一という大きな目標を追っていたなら、歴史は変わっていただろうと言われますが、彼らが信長・秀吉（76頁）・家康と決定的に違うことは、「天下統一」という発想が元よりなかったことだとも言われています。地理的・時代的な要因もあるのでしょうが、彼らには室町幕府《むろまちばくふ》（実権は弱体化していたが、名目上は武士の棟梁《とうりょう》）に逆らう気はなく、自国の平定と領土拡大のみを目標としていました。信玄が信長に戦を仕掛けたのも、天台宗《てんだいしゅう》の総本山である比叡山《ひえいざん》を焼き討ちした信長への復讐に過ぎません（信玄は熱心な天台宗徒）。そしてその進軍の途中で、信玄は病《やまい》に倒れたのでした。野望はなくとも、信玄がもう少し長生きしていたら、信長に勝利していた可能性は大で、そうなると戦国の世はもっと違った様相を呈《てい》していたでしょうね。信玄没後、跡を継いだ勝頼《かつより》が信長に敗れ、武田家は滅亡。それに伴い、信玄・勝頼2代に使えた昌幸は、自立の道を歩むこととなりました。

武田信玄《たけだしんげん》

1521〜1573年。甲斐《かい》の戦国大名。本名は武田晴信《はるのぶ》で、出家《しゅっけ》後、信玄とした。

「甲斐の虎《とら》（または龍《りゅう》）」とあだ名される戦国最強クラスの武将・武田信玄。織田信長《おだのぶなが》（78頁）が最も恐れた人物とされ、徳川家康《とくがわいえやす》（124頁）にいたっては、三方ヶ原《みかたがはら》の戦いで信玄にフルボッコにされ、恐怖のあまり脱糞《だっぷん》しながら敗走したとまで伝えられています（62頁）。合議制《ごうぎせい》で政治を行ったり、貨幣制度《かへいせいど》を整備したり、素破《すっぱ》と呼ばれる忍者《にんじゃ》（「すっぱ抜く」の語源）を使って情報収集を行ったりと、力技《ちからわざ》だけでなく、政治家としてもかなり優秀だったようです。

一方、私生活はというと、13歳で政略結婚《せいりゃくけっこん》させられた正妻を早々に妊娠《にんしん》させ、難産の末死なせちゃって、政略結婚の意味ねーだろう！って父に激怒されたり、クーデター起こしてその父を国外追放にしちゃったり、息子に謀反《むほん》の疑いかけて自害《じがい》させちゃったり……となかなか波乱万丈《はらんばんじょう》。有名な「風林火山《ふうりんかざん》」とは、信玄の軍旗《ぐんき》に書かれた「疾如風、徐如林、侵掠如火、不動如山（疾《と》きこと風《かぜ》の如《ごと》く、徐《しず》かなること林《はやし》の如し、侵掠《しんりゃく》すること火の如く、動かざること山の如し）」という文言《もんごん》の略です。

上杉謙信《うえすぎけんしん》

1530～1578年。越後《えちご》の戦国大名。長尾景虎《ながおかげとら》という名でも知られる。

「越後の龍《りゅう》」「軍神《ぐんしん》」との異名《いみょう》を持ち、信玄《しんげん》（60頁）と並び、織田信長《おだのぶなが》（78頁）が最も恐れたと言われる戦略家《せんりゃくか》。もともと僧侶《そうりょ》になりたかった謙信は、「フェアじゃない」ことが大キライ。戦の理由はいつも、領土欲ではなく、他国の救援要請《きゅうえんようせい》に応《こた》えてのもので、川中島《かわなかじま》の戦いも信玄に領土を奪われた武将に泣きつかれてのこと。でもその信玄が敵から塩の輸出禁止を食《く》らった際には、フェアプレイ精神を発揮《はっき》して信玄に塩を援助《えんじょ》。……って確かにいい人だけど、これって自国のことを一番に考えるべき一国の主《ぬし》としてはかなりの変《かわ》り者《もの》。家臣たちがケンカばっかしてお家分裂《いえぶんれつ》の危機の時も、「もううんざり」なんて置手紙残して家出し、家臣が慌てて「もうケンカしません」と誓《ちか》って結果オーライ、なんて事件も。やっぱ変わってる！　そんな彼、実は女性だった⁉　なんてトンデモ説が存在していて、その最大の根拠《こんきょ》は「戦国武将にとっては跡継《あとつ》ぎを作ることが最も大切なのに生涯妻帯《しょうがいさいたい》しなかった」ってことらしいんですが……ただ変人だっただけって気も……。

こぼれバナシ

家康《いえやす》を恐れさせた男たち

武田《たけだ》信玄《しんげん》や真田《さなだ》幸村《ゆきむら》、昌幸《まさゆき》のほかにも、伊達《だて》政宗《まさむね》、黒田《くろだ》勘兵衛《かんべえ》など、「家康を恐れさせた」というキャッチフレーズを持つ人物、やたら多いと思いませんか？　ネット上でも「家康ビビリすぎ」と話題になるほどです。

確かに、天下人《てんかびと》でありながら負けエピソードが豊富な家康。有名税《ゆうめいぜい》的な部分もあるのでしょうが、負けを負けと素直に認める家康の謙虚《けんきょ》さや潔《いさぎよ》さに負《お》う所が多いようにも思います。三方ヶ原《みかたがはら》の戦いで武田信玄に大敗北し、脱糞《だっぷん》しながら敗走した姿を描かせたという肖像画《しょうぞうが》、通称・しかみ像（左）も、信玄の挑発《ちょうはつ》に乗って戦を仕掛け、多くの有能な部下を失った自らへの戒《いまし》めのために描かせたもの。家康はこの絵を自戒《じかい》として生涯《しょうがい》持ち歩き、敵である武田信玄をリスペクトし続けたと伝わります。自分を切腹《せっぷく》寸前まで追い詰めた幸村が討死《うちじに》したと聞いたときも、討った家臣を褒《ほ》めるどころか、「お前ごときに幸村がやられるわけねーだろ！」とマジギレしたんだとか。

敵であっても正当に評価し、できれば葬《ほうむ》り去りたいであろう自分の黒歴史《くろれきし》にもあえて向き合う、この謙虚さこそが、彼を天下人たらしめた所以《ゆえん》かもしれませんね。

「徳川家康三方ヶ原戦役画像」
（徳川美術館蔵）

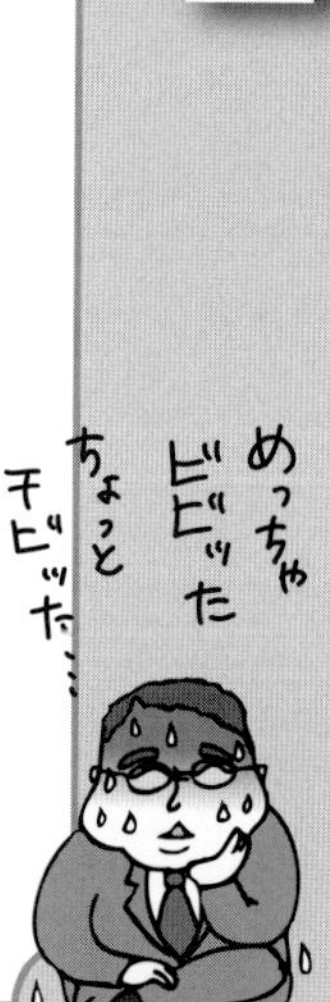

武田《たけだ》信玄《しんげん》から春日《かすが》源助《げんすけ》（家臣）への手紙

甲斐《かい》の虎・武田信玄（晴信《はるのぶ》）から家臣への手紙ってことは厳《げん》格《かく》なビジネスメール？　と思いきや、なんとまさかの浮気の弁《べん》解《かい》&誓約書《せいやくしょ》。信玄も相手の春日源助（後の高坂弾正《こうさかだんじょう》）も20代ごろの手紙です。次頁でも書きますが、当時、武将同士の同性愛はごくごく普通のことでした。が、それにしてもこりゃ、情けない内容ですね。家臣相手にバチバチの敬語だし、「口説《くど》いたことはあるけど」って認めちゃってるし。腹痛を理由に断られたってのも、なんだかリアル……。

一、私が弥七郎《やしちろう》を口説いた事は何度もありますが、いつも腹が痛いと言って断られました。これは本当です。

一、弥七郎と寝たことはないし、この間もそんなことはしていません。昼だろうと夜だろうと弥七郎とはヤッてないし、ましてや今夜など思ってもおりません。

一、あなたと仲良くなりたいと、いろいろ手を回していますが、却《かえ》って疑われる事になり、困っています。

これらのことにもし嘘があれば、わが国の一の宮、二の宮、三の宮の大明神《だいみょうじん》、富士、白山《はくさん》の神々、特に八幡大菩薩《はちまんだいぼさつ》、諏訪上下明神《すわかみしもみょうじん》の罰を受けるでしょう。

本当なら正式な起請文《きしょうもん》の紙に書くべきですが、周りに役人が多いので、白紙に書きました。明日にでも書きなおすつもりです。

7月5日　　源助どの

晴信

※天文15年（1546年）推定武田晴信誓詞（東京大学史料編纂所所蔵）の意訳

こぼれバナシ

戦国ボーイズラブ!

この時代、武士の間で男性同士、とりわけ主従関係での同性愛は「衆道《しゅどう》」といって、ごくごく普通のことでした。戦場でいつ死ぬかわからない、むしろ死に花を咲かせるのが美徳《びとく》とされていたこの時代、現代の私たちには想像もつかないようなアドレナリン出っぱなしの状態にあっては、漢《おとこ》同士のアツ過ぎる絆《きずな》が、恋愛感情ぽくなっちゃうのもごくごく自然な流れだったのかもしれませんね〜。有名な戦国武将の中で衆道に興味が無かったのは農民出身の豊臣秀吉《とよとみひでよし》くらいで、それも「衆道に興味ないなんて変わってるよね〜。ま、農民出身だし?」てな感じで、ちょっと冷笑《れいしょう》の雰囲気《ふんいき》すらあったみたいです(キャリア組の中に、一人だけゴルフに興味ない無学《むがく》のたたき上げ社員がいるみたいな感じ?)。

江戸時代に入り世が平和になるに従って、「漢同士のアツい絆」から、もっと単純《たんじゅん》なエロスに変わっていき、庶民《しょみん》へも広まりました。衆道が不道徳なものとされ始めるのは、明治の開国に伴《ともな》いやってきた欧米人《おうべいじん》(キリスト教徒)たちにドン引きされてからのこと。結構《けっこう》最近まで市民権を得ていたんですね〜。

第3章 秀吉時代回想編

大阪城はバラ色に～秀吉サクセスストーリー

＊秀吉が造らせたとされる『黄金の茶室』の原寸大復元模型が大阪城天守閣に展示されている

主人は中卒で
㈱天下一にアルバイト入社
そうじ
雑用
何でも
ござれ〜
ハイ
ただ今ー!!
サル!!
コーヒー
後々巨大企業となる㈱天下一も
その頃はまだ起業したての
小さなベンチャー企業でした
私と付き合い始めたのも
その頃でね
ねねちゃん
ごはん
いかない？
しつこい…
うちの父なども
結婚にはずいぶんと
反対しましたわよ
中卒の
バイトふぜいに
娘をやれるか！
ってね
私にしても
外見は猿みたいで学もない
調子ばかりいいあんな男
やめとうこうかと
何度も思いましたわよ
いつか
大金持ち
になるどー!!
でもあの人って
どこか人を惹《ひ》きつける
魅力を持っているんです

＊信長の草履を懐で温めたという逸話は有名だが、真偽は定かではない。背中で温めたという説もあり。

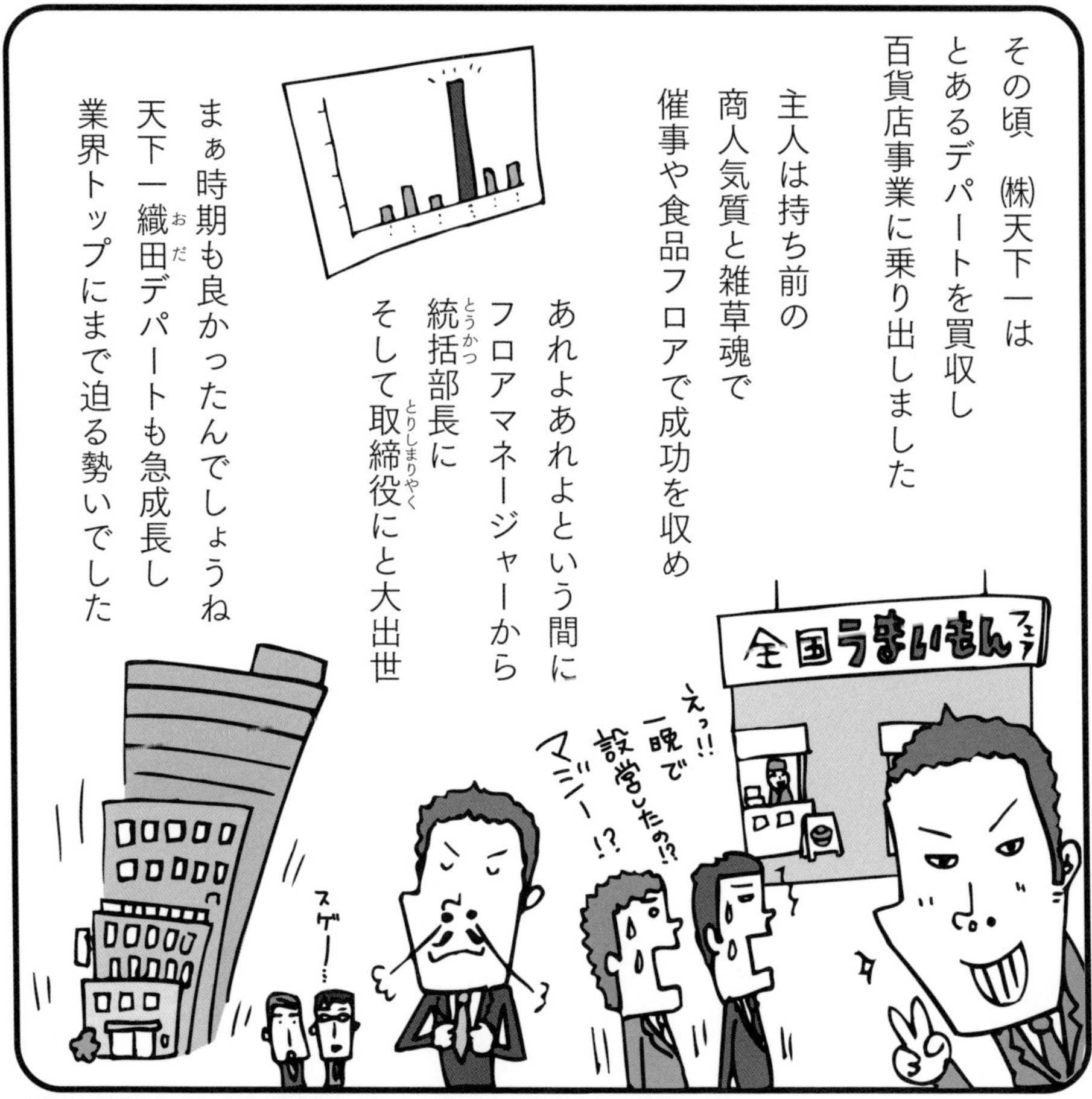

＊信長の美濃侵攻の際、秀吉が墨俣城を一夜にして築いたという伝説があるが真偽は不明。

＊信長の長宗我部征伐が本能寺の変の原因となったという説が近年有力。明智光秀と長宗我部元親は盟友関係にあった。

＊1582年、備中（現在の岡山）攻略中に本能寺の変の知らせを受けた秀吉はすぐさま大軍を率いて京に引き返し光秀を討った。これを「秀吉の中国大返し」と呼ぶ。

＊1583年、秀吉は賤ヶ岳の戦いにて織田家重臣・柴田勝家を破り、信長の後継者となった。

私もね
主人が生きていた頃は
社長夫人として
いろいろ忙しかったですよ
経営のことは
分かりませんけどね
主人の部下たちは
みんな私の息子みたいな
ものでしたから
それだけに
あの「関ヶ原事件《せきがはらじけん》」は
胸が痛かったです
世間では
私が家康派《いえやすは》に通じていて
石田三成《いしだみつなり》を失脚させたなんて
噂《うわさ》もあるみたいですどね
冗談じゃないですよ
三成だってほんの
ヒヨッコの頃から
面倒みてきた子
なんですから
あの子は真面目すぎて
不器用なところもありますけどね
心根のいい子なんです
ふぉっふぉっふぉっ
無念…っ!!
わ、私たちは
知らないわよ
関係
ない
わよ
→ 若き日の三成

＊側室・南殿との間にも男子（石松丸・幼少時に夭折）をもうけていたとの説もあり。

…ええ
おっしゃりたいことは
わかります
会長に少しも似てないし
ヒソ ヒソ
あれだけ愛人がいてだれも妊娠してないのに…
豊臣秀頼
確かに秀頼が
秀吉の子供じゃないのでは
ないかという噂は
当時からありました
私も
考えなかったと言えば
嘘になります
そしてそれは
主人の耳にも届いていたと
思いますよ
パパだお〜〜
パパでちゅお〜〜
アバババ〜
いいコちゃんでちゅね〜
それでも
あれほど秀頼を溺愛《できあい》する
姿を見ているとね…
私が一体何を言えるでしょう
……
あらやだ
湿《しめ》っぽいのは
嫌いですよ
ま ぶっちゃけちゃうと
確かに茶々さんは
ちょっといけ好かない
ところもあったけどね
でもそれはそれ、これはこれ!
とにかく
私は今は何も
関係ないですよ
ピンポ〜ン♪
あ 来た来た♪
ちょっと失礼!

ホントはこんな話

若い頃の秀吉《ひでよし》（76頁）を表すのにまさにピッタリなのが「人たらし」という言葉。半農半兵の貧乏足軽《あしがる》の子として生まれ、雑用係として織田《おだ》家にもぐりこみ、持ち前の要領の良さと愛嬌《あいきょう》と頭の回転の速さをもって、徐々《じょじょ》に頭角《とうかく》を現します。寒い日に織田信長《のぶなが》（78頁）の草履《ぞうり》を懐《ふところ》で温めて信長を感心させたという有名な逸話が表しているように、彼は気が利《き》くのです。気が利く男はモテます。男にも女にも幸運の女神にも。

信長に気に入られ戦に活躍の場を与えられると、更に本領発揮。美濃《みの》侵攻《しんこう》では一夜にして城を建設しちゃったり（墨俣《すのまた》一夜城《いちやじょう》。ただしこれはちょっと嘘くさい）、信長が義弟・浅井《あざい》長政《ながまさ》に裏切られ絶体絶命に陥った時には撤退戦の殿《しんがり》（暴走族で言うケツ持ちってやつですね）を務め見事信長を生還させたり（金ケ崎《かねがさき》の退《の》き口）と大活躍。織田家重臣の丹羽長秀《にわながひで》と柴田勝家《しばたかついえ》から一字ずつを貰って「木下」から「羽柴」に改名するなど、ゴマすりにも余念がありません。そして長浜城主になりーの、中国地方攻略の特命を任されーのと、メキメキ出世。そんな時起こったのが、あの歴史的大事件、本能寺《ほんのうじ》の変（79頁）です。

中国地方を侵攻中だった秀吉は、信長の死の知らせを聞くや否や大軍を率いてわずか10日で京へ帰還（有名な中国大返し）、明智光秀《あけちみつひで》を討ちます。信長の仇を討った功績は大きく、秀吉は一躍、信長の後継者レースに急浮上。そして本能寺の変の翌年（1583年）賤ケ岳《しずがたけ》の戦いにて柴田勝家を破り、実質的な信長の後継者となったのです。その後は徳川家康《とくがわいえやす》（124頁）と対立したり和睦《わぼく》したりしながらも、ちゃっかりと関白《かんぱく》、太政大臣《だじょうだいじん》に就任、全国の大名を臣従《しんじゅう》させて天下統一に成功したのでした。出自も定かではない下層民から日本の支配者にまで上り詰めるという『摩天楼《まてんろう》はバラ色に』のマイケル・J・フォックス（古い？）も真っ青の大出世。まさに日本史上一番の出世頭と言っても過言ではないでしょう。

ちなみに正妻・ねね（77頁）とは、信長に仕え始めた頃に、彼女の母親の大反対を押し切って恋愛結婚。当時はねねのほうが身分が高かったんですって。彼女は豪快な性格と、なかなかの政治センス、そして皆から慕われる人徳をもった女性で、時にはフォローし、時には尻に敷きつつ秀吉の立身出世を支え、豊臣政権下でもかなりの発言力を持っていたようです。秀吉亡き後は京都高台寺《こうだいじ》で夫の菩提《ぼだい》を弔《とむら》いつつ静かに暮らし……たいところですが、関ケ原《せきがはら》の戦いでは秀吉の側室・淀殿《よどどの》（茶々《ちゃちゃ》［91頁］）への反発から裏で東軍に加担《かたん》していると考えられたり（近年、その説は疑問視されている）、大坂の陣の際には、ねねの持つ影響力の大きさを恐れた徳川軍が彼女を大坂に寄せ付けないよう見張りに来たりと、身辺は何かとザワザワ。引退してもさすがの存在感のねねさんなのでした。

豊臣秀吉《とよとみひでよし》

1537〜1598年。関白《かんぱく》、太閤《たいこう》。天下統一を成し遂げた。元の名は木《きの》下藤吉郎《したとうきちろう》。

主君だった信長《のぶなが》（78頁）には猿《さる》だのハゲねずみだのと呼ばれ（94頁）、宣教《せんきょう》師《し》フロイスには「身長が低く、醜悪《しゅうあく》な容貌《ようぼう》」と書かれるくらい残念なビジュアル。大の女好きで人妻だろうが十代だろうが見境《みさかい》なく手を出し、農民から成上がったからか超成金趣味《ちょうなりきんしゅみ》で、大坂城は瓦《かわら》まで金箔《きんぱく》でピッカピカ。でも「人たらし」と称されるほど人心《じんしん》を掴《つか》む技に長《た》けていて、運を的確に掴む力、そして抜群《ばつぐん》の実行力に恵まれた男、それが秀吉です。決して人格が優《すぐ》れている訳ではないのになぜか憎《にく》めない、そんな人物が思い浮かびますよね。貧しい農民の子から天下人《てんかびと》まで一気に上《のぼ》りつめる彼の前半生は、まさに痛快《つうかい》サクセストーリー。しかし後半生はちょっと様子が変。「大陸に進出して中国の王になってやる」なんて中二病《ちゅうにびょう》まがいの大言壮語《たいげんそうご》で無謀《むぼう》な朝鮮出兵《ちょうせんしゅっぺい》を実行して家臣を疲れさせたり、跡継《あとつ》ぎにしたはずの甥《おい》の秀次《ひでつぐ》（105頁）を殺したり（104頁）と、なんかちょっとヤバいんですけど。子宝《こだから》に恵まれなかった秀吉に50歳を過ぎてからたて続けに生まれた2人の息子が、どうやらキーのようですよ。

ねね（高台院《こうだいいん》）

1547〜1624年。豊臣秀吉《とよとみひでよし》（76頁）の正室。おね、北政所《きたのまんどころ》とも呼ばれる。出家《しゅっけ》後は高台院と号《ごう》す。

尾張《おわり》の下級武士の娘として生まれ、自分より身分の低い貧乏足軽《あしがる》と結婚したはずが、あれよあれよというちに、気がつけば天下人《てんかびと》のファーストレディ。デビュー前の極貧《ごくひん》生活を支え続けてきた妻と離婚《りこん》する大物アーティストや芸人が多いように、普通だったら変化についていけずに妻だけ取り残されたり、逆に変な風に変わっちゃったりしそうなもんですが、ねねは優《すぐ》れた政治感覚と、コミュニケーション能力、そして肝《きも》っ玉《たま》を持ち合わせていたようで、夫と共に出世するだけではなく、見事に自分の地位を確立しました。宣《せん》教師《きょうし》フロイスも「彼女に頼めば解決できないことはない」と書き残すなど、その影響力は大きかったようです。信長《のぶなが》（78頁）がねねを気遣《きづか》う手紙が残っていたり（94頁）、豊臣家滅亡後も将軍秀忠《ひでただ》（125頁）がねねを手厚く保護していたり（人質時代にお世話になったため）、朝廷《ちょうてい》とも交流があったりと、その人望《じんぼう》の厚さからも彼女の魅力《みりょく》が伝わるようです。

織田信長《おだのぶなが》

1534〜1582年。尾張《おわり》の戦国大名。室町幕府《むろまちばくふ》を滅亡させ、織田政権を樹立《じゅりつ》した。

「鳴かぬなら殺してしまえホトトギス」。コレ、本当に信長が言ったわけではなく、飽《あ》くまでも彼の気性《きしょう》を表す例えです。でも「信長だったらいかにも言いそ〜」って納得しちゃうほど、冷酷非情《れいこくひじょう》で野心に満ちた絶対的な覇王《はおう》としてのイメージが定着していますよね。実際、敵や裏切った相手は情け容赦《ようしゃ》なくバッサバサ処刑し、今よりよっぽど信仰篤《しんこうあつ》かった時代なのに、敵対したからって比叡山《ひえいざん》をも焼《や》き討《う》ちにしちゃってます（近年では疑問視されてもいますが）。常識も信仰もクソ食《く》らえって感じで、そりゃまあホトトギスくらいなんでもないわな。しかし彼は、その暴君《ぼうくん》ぶりを補《おぎな》って余《あま》りあるカリスマ性と、この時代の人々の目から鱗《うろこ》だったであろう革新的《かくしんてき》な考えを持った時代の寵児《ちょうじ》でした。どの戦国大名も自国のことしか考えていなかった時代に、天下統一という大きな野望を抱《いだ》き、まさに王手《おうて》目前というところで、あの本能寺《ほんのうじ》の変《へん》（79頁）です。そのドラマティックでミステリアスな最期《さいご》も、信長を特別な存在にしている大きな一要素と言えるでしょう。

本能寺《ほんのうじ》の変

あまりにも有名な歴史上の大事件「本能寺の変」。天下統一を目前にした織田信長《おだのぶなが》が、忠実で有能な部下だったはずの明智光秀《あけちみつひで》の謀反《むほん》により、宿泊していた京都・本能寺を包囲され、自害《じがい》した事件ですね。あの戦国カリスマキング・信長があっけなく敗れたという事実もさることながら、光秀の謀反の動機が謎であることも、この事件を有名にしている一因。信長のパワハラを受けてノイローゼ状態だった光秀がキレて事件を起こしたって説や、ただ単に天下が欲しかったっていう野心説、はたまた他に黒幕がいて、光秀に謀反を起こさせるように仕向けたって説も。この「黒幕」としては、漁夫《ぎょふ》の利《り》を得たウチの主人・豊臣秀吉《とよとみひでよし》の名前も挙《あ》がってますわねぇ。あと、徳川家康《とくがわいえやす》が光秀の共犯だったなんて説も。現在有望視されているのは、信長の長宗我部《ちょうそかべ》征伐《せいばつ》を回避《かいひ》させるためだったって説。信長は光秀と友好関係にあった土佐《とさ》国の長宗我部元親《もとちか》を征伐することを決定していて、本能寺の変の翌日に四国渡航予定だったんです。これに関しては、最近新たな文書が発見されて注目されていましたね。今後の研究が待たれるところですわ。

信長＆秀吉ヒストリー

	織田信長	豊臣秀吉	その他
1554年頃		織田家に仕え始める	
1560年	桶狭間の戦い（今川義元を破る）		
1561年	美濃侵攻	墨俣一夜城建設？	
		ねねと結婚	
1568年9月	上洛		
1570年	第一次信長包囲網（金ヶ崎の戦い・姉川の戦い）		
1571年	第二次信長包囲網（比叡山を焼き討ち）		
1572年12月	三方ヶ原の戦い		
1573年4月			武田信玄病没
7月	室町幕府を事実上滅亡させる		
9月	小谷城を攻略（浅井氏を滅ぼす）		浅井長政自害
1574年	長島一向一揆を制圧		
1575年5月	長篠の戦い（武田勝頼に圧勝）		
1578年4月			上杉謙信病没
	中国侵攻		
1579年	徳川家康の嫡男・松平信康を自害させる		
1581年4月	京都御馬揃え（大規模軍事パレード）を行う		
1582年4月	甲州侵攻（武田氏を滅ぼす）		武田勝頼自害

年	出来事	真田
1582年6月	本能寺の変（信長自害） 中国大返し 山崎の戦い（明智光秀自害） 清須会議	
1583年4月	賤ヶ岳の戦い（柴田勝家を破り、信長の後継者に）	
1584年	小牧・長久手の戦い（家康と対立、その後講和）	
1585年	関白宣下	真田昌幸  豊臣家臣となる
7月	四国平定	
1587年	九州平定 バテレン追放令	
1589年	茶々  鶴松を産む	
1590年	小田原征伐	昌幸と幸村  小田原征伐に従軍
1591年	鶴松病死。 豊臣秀次が関白就任。秀吉は太閤となる	
1592年	朝鮮出兵	
1593年	茶々、お拾（後の秀頼）を産む	
1595年	秀次事件	豊臣秀次  自害
1597年	再度、朝鮮に出兵	
1598年3月	醍醐の花見	
8月	秀吉死去	

豊臣秀吉《とよとみひでよし》からねねへの手紙

豊臣秀吉は、家族など親しい人には右筆《ゆうひつ》（筆記係）の代筆ではなく、たくさんの自筆の手紙を送っています。分かりやすい仮名を使った、くだけた文体の、ユーモア溢《あふ》れる生き生きとした手紙です。

ねね宛はいかにもご機嫌《きげん》を取る感じが伝わりますね。「天下」って中2っぽい自称もお茶目。

左は、実はまだ赤ん坊の秀頼《ひでより》に宛てたもの。息子への溺愛《できあい》ぶりと共に、茶々《ちゃちゃ》へ向けたユーモア精神や、「まんかか様」ことねねへの気遣《きづか》いも伝わってきます。

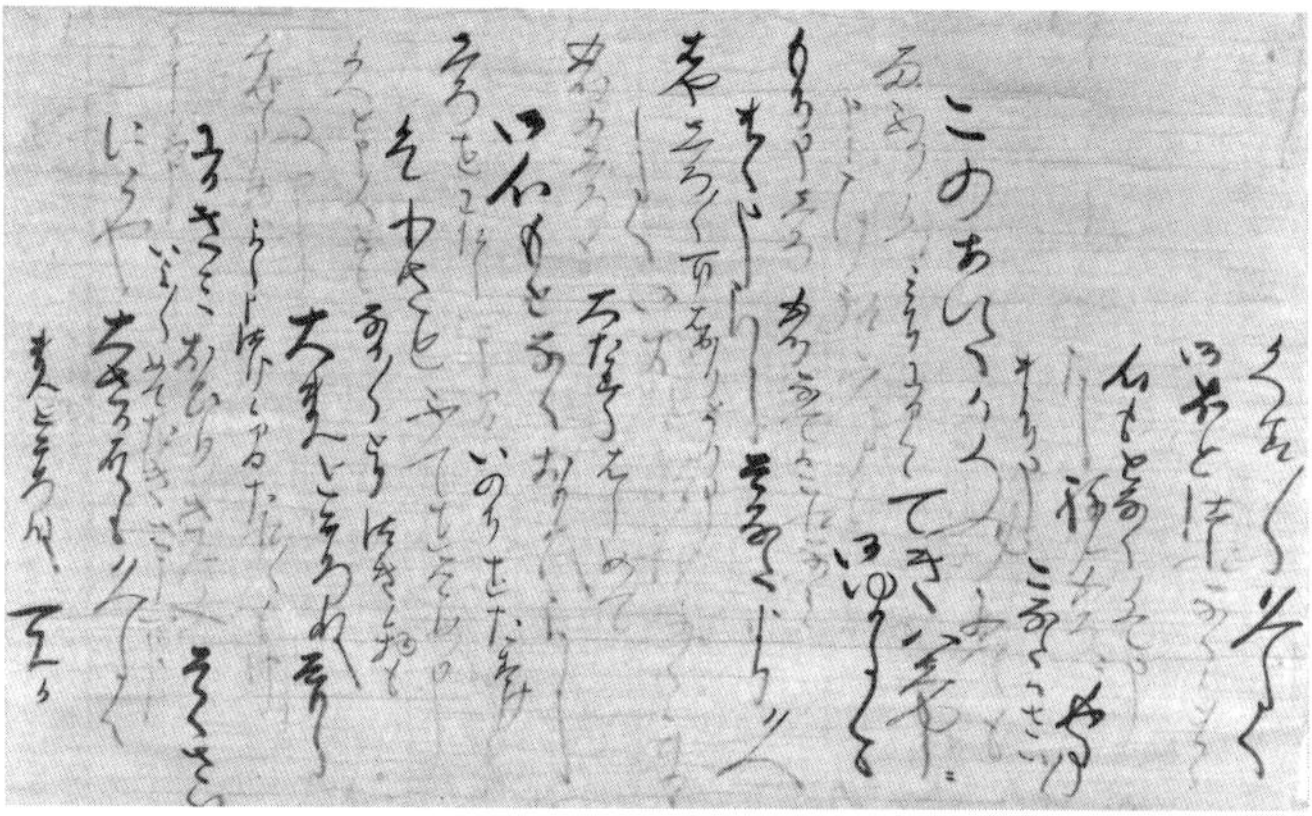

このところ手紙も受けとっていません。恋しくてこれを書いています。あなたより久しく音沙汰がないので、不安になってあえて筆をとりました。大政所殿《おおまんどころどの》・あなた・若君・お姫・金吾《きんご》は元気ですか。大坂殿《おおさかどの》もご機嫌でしょうか。

P.S. 久しく、あまりに久しくお便りがないので、不安になって書いています。心から返事を待っています。

まんどころ様　　　てんか

＊まんどころ＝北政所《きたのまんどころ》（ねね）、若君＝鶴松《つるまつ》、大坂殿＝淀殿《よどどの》？

※豊臣秀吉自筆書状　おね宛（大阪城天守閣所蔵）の意訳（抜粋）

豊臣秀吉から秀頼《ひでより》への手紙

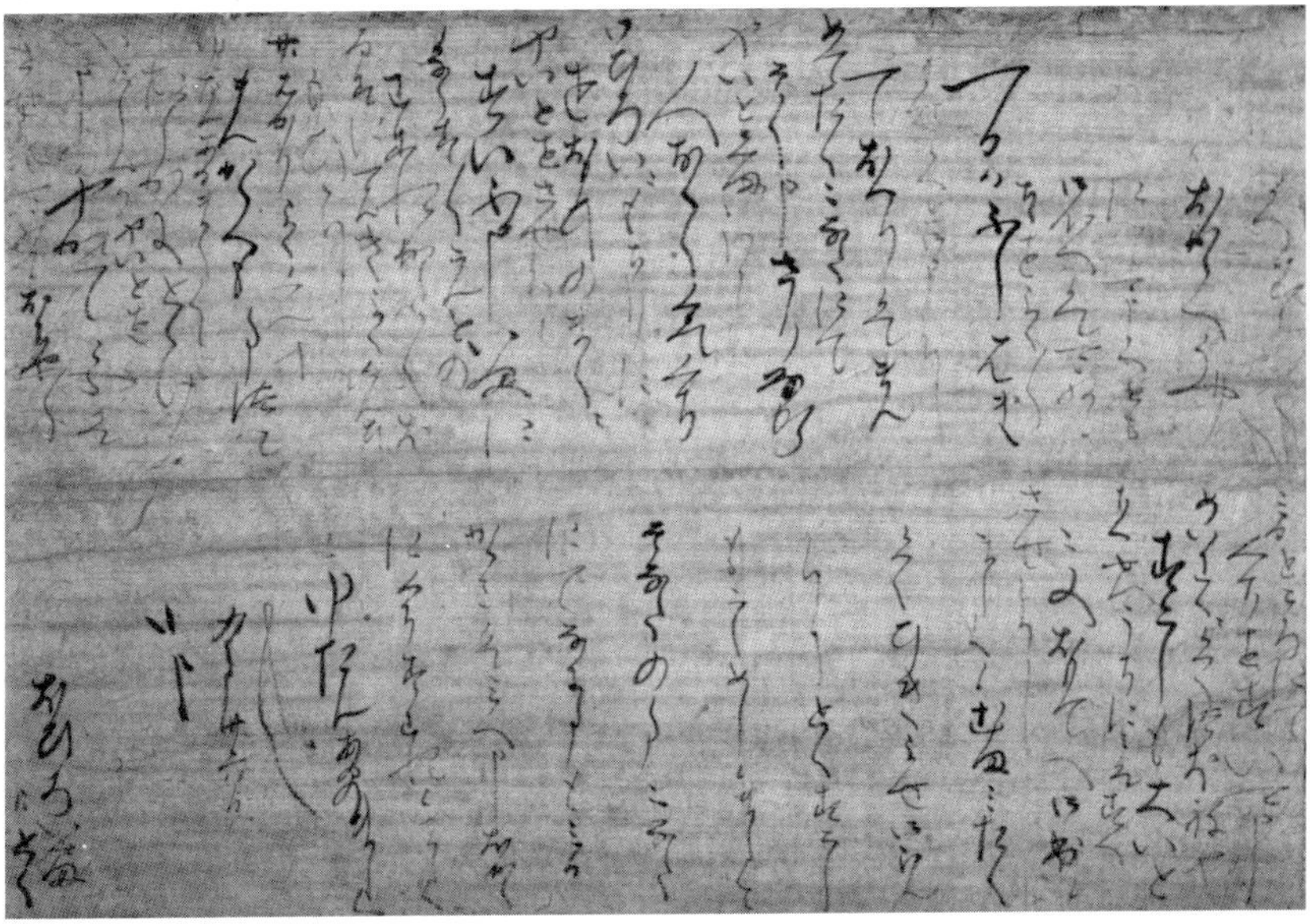

先日は普請場《ふしんば》まで見送ってくれて満足です。

でも人が多くて、思いのままにキスすることができなかったのが残念で、忘れられません。

まんかか様へも言伝《ことづて》たしかに伝えました。

（中略）すぐに行って、キスしましょう。（中略）

そなたのことをなんでも見る鏡《かがみ》があって、見えていますよ。

おかかにキスされてはなりません。油断しないように。

P. S.
おかかには手紙でも申しますが伝えてください。

乳をよくよく飲ませなさいとお申しください。

9月26日　　おひろいさま　とと

＊まんかか様＝北政所（ねね）、おかか＝淀殿、おひろい＝秀頼の幼名
※豊臣秀吉自筆書状　豊臣秀頼宛（大阪城天守閣所蔵）の意訳（抜粋）

ああ懐かしの団地妻時代

ところでねねちゃん トヨトミデパート 大変そうじゃない 大丈夫なの？
ハイお茶
し〜らな〜い
さぁねぇ 私ももう引退した身だから…
あらま 冷たい
そりゃ 主人の会社だもの 私もなんとか守りたいわよ
でも今のトヨトミはもう 私と主人が育ててきた あの当時の会社とは 違っちゃってるのよ
あの頃の部下の 大半は徳川に 移っちゃってるしね
それに今 実質的な経営者は茶々《ちゃちゃ》さん 私が口出しするのは あの人だって 気に食わないだろうし…
茶々さん…確かに ややこしそうだわね
無駄にプライド高そ〜…
でしょ!!
あの人 生まれが良い割に 複雑な家庭環境で育った 苦労人だから… ちょっと屈折《くっせつ》したとこが あるからねぇ…

ホントはこんな話

幸村《ゆきむら》との絡《から》みが少ないために、本書ではほとんど登場させられませんでしたが、加賀藩《かがはん》の藩祖・前田利家《まえだとしいえ》もこの時代の重要人物。しかもかなりキャラが立っていて、興味をそそられるエピソード多し！　長身でかなりのイケメン、若い頃は、女物やファー付き着物を派手に着流し、ケンカっぱやく相当なヤンチャもん……ってもうこれだけで既に脳内ではマンガの主人公。しかも信長《のぶなが》（78頁）の衆道《しゅどう》（64頁）の相手だったという資料も残っていて、BL要素までしっかり盛り込んでくれます。うほー！

脳内妄想さておき、信長の家臣として天下統一に向けた快進撃《かいしんげき》を支え（時にはやりすぎて信長を怒らせ、ドロップアウトしたりしつつも）、信長死後は豊臣秀吉《とよとみひでよし》（76頁）を家臣としても親友としても支え、豊臣政権下では五大老《ごたいろう》のひとりとなり、秀吉死後は最重鎮《さいしゅうちん》として家康《いえやす》（124頁）の専横《せんおう》を唯一押さえられる立場となりました。

そんな利家と秀吉は若い頃から同僚として家族ぐるみの付き合いをしており、家もおとなり同士で、互いの正妻・まつ（87頁）とねね（77頁）はその頃からの親友同士。秀吉が最晩年に催《もよお》した大イベント『醍醐《だいご》の花見』には、夫婦そろって招待されていますが、このイベント、女好きの秀吉の道楽らしく1300人の招待客はほぼ全て女性！　男性は秀吉と秀頼《ひでより》以外では利家だけだったと言いますから、利家の特別度がよく分かりますね。

まつ（芳春院《ほうしゅんいん》）

1547～1617年。加賀藩祖《かがはんそ》・前田利家《まえだとしいえ》の正室。出家《しゅっけ》後は芳春院と号《ごう》する。

従兄《いとこ》である利家と結婚し、なんと2男9女を産んだ子だくさん母さん。なかなかのしっかり者だったようで、傾《かぶ》き者《もの》として知られる利家をも叱咤《しった》したり、利家と秀吉《ひでよし》（76頁）がケンカしたときには（戦国武将のケンカは命がけ）、秀吉にかけあって2人を仲直りさせたり、利家の死後、跡《あと》を継《つ》いだ長男に徳川幕府から謀反《むほん》の疑いがかけられたときには、自《みずか》ら人質《ひとじち》となり江戸に下《くだ》って疑いを晴らすなど（これが参勤交代《さんきんこうたい》の起源）、夫や子供、前田藩のために積極的に働き、活躍しています。利家の正妻として、またねね（77頁）の親友として、秀吉にも一目置かれていたようで、秀吉が人生最後の道楽として催《もよお》した女だらけの一大イベント『醍醐《だいご》の花見《はなみ》』でも、秀吉の側室ではないにも関わらず、まつは上位列席するなど異例《いれい》の待遇《たいぐう》。この宴《うたげ》の中で、ねねの次に杯《さかずき》を受ける順番を巡《めぐ》って、淀殿《よどどの》（茶々《ちゃちゃ》［91頁］）と秀吉お気に入りの側室・松《まつ》の丸殿《まるどの》（京極高次《きょうごくたかつぐ》の妹）がケンカになる場面があり、「年の順なら私」とまつが間に入り、うまく収めたとのエピソードも。

世間は色々言うけれど

何かご用ですか？
ええ　私が茶々《ちゃちゃ》ですが
茶々（豊臣秀頼の母）
秀吉会長の愛人だなんて
失礼な言い方ね！
第二夫人と
呼んでくださいな
え？第一夫人の
ねねさんに私が敵意？
何か私に
文句でも…？
バカ言わないでよ
ねねさんに立て付くなんて
とんでもない！
あの人こそ
女帝よ女帝！
あの秀吉会長ですら
頭が上がらなかったのよ？
今だって各方面に
影響力持ってるんだから
ブル ブルッ
あの信長社長ですら
気いつかってたとか…
まあまあ ねねちゃん
そう怒らず…
め、め、め、めっそうもない…
何かと思えば
そんなくだらない話
今忙しいのに
勘弁《かんべん》してよね！
あの恩知らずの
家康めが
業務提携《ぎょうむていけい》だなんて
持ちかけてきて…
対応におおわらわ
なんだから！
あのタヌキおやじ
絶対何かたくらんでるに
ちがいないのよっ

可愛い秀頼《ひでより》ちゃんとトヨトミを守るために私は私なりに必死でがんばってるのにみんな批判《ひはん》ばっかり！
キーーッ!!
経営のことなんてわかんないけど秀頼ちゃんまだ小さいから私がやるしかないしっ!!
え、なになに〜？
しかも何よっ秀頼ちゃんが秀吉会長の子じゃないなんて根も葉もない噂《うわさ》が立ってるらしいじゃない！
失礼極まりないわっ！
どこが会長に似てないって言うのよ？
ぐいっ
ほら見てよ目の上に眉があるとことか顔の中心に鼻があるとことか会長にソックリじゃないの！
失礼しますフロア構成の件ですが
大野治長
ドキッ
あっ大野《おおの》秘書室長
？
…ややこしいからアナタ今出てこないで
？

ホントはこんな話

豊臣秀頼《とよとみひでより》（92頁）の生母、茶々《ちゃちゃ》――通称淀殿《よどどの》（91頁）は、織田信長《おだのぶなが》（78頁）の妹・お市《いち》の方《かた》の娘です。戦国一の美女との誉《ほま》れ高かったお市の方に憧《あこが》れていた秀吉が、彼女の面影《おもかげ》を求めて、母親似だった茶々を側室にしたというのは有名な話。とはいえ、女好きの秀吉には美しい側室がたくさんいましたから、秀吉の子供を産んだ唯一の女性※であるという事実が無ければ、茶々も歴史に名を残すことはなかったでしょう。

ん？　大勢側室がいたのに、子供を産んだのが茶々だけ？　なんだか怪しい香りがしますね……。しかも秀吉が50歳を過ぎてから、茶々だけが立て続けに2回も懐妊《かいにん》（1人目の子・鶴松《つるまつ》は幼少時に夭逝《ようせい》）したことから、父親は秀吉ではないのでは？　と疑う声は当時からあったようです。実父は茶々の乳兄弟《ちきょうだい》で側近の大野治長《おおのはるなが》（93頁）ではと囁《ささや》かれてたようですが、不倫の証拠があるわけでも、DNA判定ができるわけでもないので、真相は分かりません。

とにもかくにも、晩年になってからやっと授かった息子・秀頼に対する秀吉の溺愛《できあい》っぷりはものすごく、死の間際まで秀頼のことを案じていた様子が手紙などから伝わります。秀吉死亡時まだ5歳だった秀頼をフォローしようとするあまり、茶々はヒステリックな過保護ママっぷりを発揮、図《はか》らずも色々な悪影響を及ぼしてしまうことになるのです。

※長浜《ながはま》城主時代の側室が一男一女を産んだとの説もあるが、養子説や非存在説もあり、はっきりしない。

浅井《あざい》茶々《ちゃちゃ》（淀殿《よどどの》）

１５６９～１６１５年。戦国大名・浅井長政《ながまさ》の長女。母は織田信長《おだのぶなが》（78頁）の妹・お市《いち》の方《かた》。豊臣秀吉《とよとみひでよし》（76頁）の側室。秀吉から淀城《よどじょう》を与えられたため「淀殿」と呼ばれた。

19歳の茶々が50過ぎの秀吉の側室になったのが１５８８年。翌年に第一子・鶴松《つるまつ》を産みますが、2年後に死去。さらに2年後、第二子となる秀頼《ひでより》（92頁）を産みました。

ヒステリックで独善的《どくぜんてき》で過保護《かほご》なママキャラとして描《えが》かれることの多い茶々ですが（本書もネ）、実際、大坂の陣でも万事《ばんじ》に口を挟《はさ》んで兵のテンションを下げちゃったり、幸村《ゆきむら》たちが兵の士気《しき》を揚《あ》げるため秀頼の出陣《しゅつじん》を促《うなが》しても茶々がそれを断固拒《だんここば》んだり……と、当時の人々の「なんだかなぁ……」という空気がヒシヒシ伝わる記録も多々。とっくに成人してるのに「秀頼様は乳飲《ちの》み子《ご》」とＤｉｓられたりしてるのも、過保護ママと優柔不断《ゆうじゅうふだん》息子コンビにいかにもありがち。しかし、息子と家を守らなくちゃ、浅井の名を汚さないようにしなくちゃ、と必死な彼女は、真面目で責任感が強く甘えるのが苦手といった、まさに長女気質。ありの～ままの～と開き直れたら、歴史も変わっていたかも？

豊臣秀頼《とよとみひでより》

１５９３〜１６１５年。豊臣秀吉《ひでよし》（76頁）の息子。母は秀吉の側室・茶々《ちゃちゃ》（淀殿《よどどの》［91頁］）。正室は徳川秀忠《とくがわひでただ》（125頁）と江《ごう》（115頁）の娘・千姫《せんひめ》。

子供のいなかった秀吉に55歳を過ぎてから生まれた男子ということで、秀吉に溺愛《できあい》されて育ちますが、父・秀吉はわずか5歳の秀頼を遺《のこ》してこの世を去ります。

本書では、いかにも無能そうなダメボンキャラに仕立ててしまいましたが、礼儀《れいぎ》正しく、穏《おだ》やかで聡明《そうめい》だったという話も。また、身長は２ｍ近く、体重は１６０kg以上の巨漢《きょかん》だったとの記録が残っており、その堂々たる姿から発せられる威圧感《いあつかん》とカリスマ性に恐れを抱《いだ》いた家康《いえやす》（124頁）が、豊臣家打倒《だとう》を決意したとも伝わります。大坂夏の陣に敗れ、茶々や大野治長《おおのはるなが》（93頁）、真田《さなだ》大助《だいすけ》（34頁）らと共に自害《じがい》したとされていますが、遺体は見つかっておらず、また「花のようなる秀頼様を鬼のようなる真田が連れて退《ひ》きも退《ひ》いたよ鹿児《かご》島《しま》へ」という童謡《どうよう》が当時京の都で流行したことから、生存説も存在しています。しかし、こっそり逃げるにしても、これだけの巨体、どうしたって目立ちそうですよね。

大野《おおの》治長《はるなが》

1569～1615年。豊臣《とよとみ》家重臣。官位は従五位下修理亮《じゅごいのげしゅりのすけ》。

治長は茶々《ちゃちゃ》（淀殿《よどどの》［91頁］）の乳母《うば》の息子です。茶々の乳兄妹《ちきょうだい》として豊臣家でも重用《ちょうよう》され、秀頼《ひでより》（92頁）の側近《そっきん》となりましたが、1599年、徳川家《とくがわいえ》康《やす》（124頁）暗殺未遂《あんさつみすい》の嫌疑《けんぎ》をかけられ流罪《るざい》となります。家康に許される代わりに関ヶ原《せきがはら》の戦い（102頁）では東軍についたものの、戦後、家康の使者として茶々の下へ派遣《はけん》された後、徳川に戻ることはなく、そのまま再び秀頼の側近となりました。大坂の陣では実質的な主導者《しゅどうしゃ》として実務にあたっていますが、家康の恐ろしさを痛感《つうかん》していたためか、講和《こうわ》路線を主張しました。秀頼の実父《じっぷ》なのではという噂は当時から盛《さか》んに囁《ささや》かれていたようで、当時の僧《そう》の日記や武将の手紙、朝鮮王朝の役人の書いた本にまで、その話がちらほら。真相は当事者たちにしか分かりませんが、最後まで茶々と秀頼に一途《いちず》に尽くし、2人を守ろうとするその姿、脳内ではすっかりベルバラのフェルゼン。大坂城落城《らくじょう》の際も、自分の切腹《せっぷく》と引き換えに2人の助命《じょめい》を家康に必死に嘆願《たんがん》しましたが聞き入れられず、茶々・秀頼と共に自害《じがい》しています。

織田信長《おだのぶなが》からねねへの手紙

現存する信長の手紙は800通を超えますが、ほとんどが右筆《ゆうひつ》(書記)の手によるビジネスメール。そんな中、豊臣秀吉の正室ねねに宛《あ》てた手紙が、信長の意外な人となりを感じさせて、とっても興味深い！

冷酷なイメージのある信長ですが、この手紙で見る限り、めちゃくちゃ素敵ではないですか!? 家臣の妻ごときに、この気配り！ 丁寧《ていねい》なお礼から始まり、褒《ほ》め言葉満載《まんさい》で、ユーモアも交えつつ、最後はやんわりいさめる。まさに理想の上司の手紙そのもの。こりゃモテただろうなぁ……。

このあいだは、初めて訪《たず》ねてきてくれてありがとう。その上、持ってきてくれた様々なお土産《みやげ》の見事さときたら、筆舌《ひつぜつ》に尽《つ》くしがたいほどだった。何かこちらからもお礼をと思ったが、あなたの土産があまりに素晴らしかったので、今回はやめて、この次にでも渡そうと思う。

それにしても、久しぶりに見たあなたの美しさときたら、前に会ったときの倍にもなったんじゃないかと思うほどだ。藤吉郎《とうきちろう》が何か言っているらしいが、言語道断《ごんごどうだん》。全く何をほざいとるんだか。どこを尋ね歩いても、あの剥《は》げ鼡《ねずみ》には、あなたのような女性は見つからない。

これから先は陽気にふるまい、正妻らしく寛大《かんだい》な気持ちで、やきもちなんかは妬《や》かないように。夫を立てるのも女の仕事と思って、言いたいこともあるだろうが、少し我慢《がまん》して面倒みてやりなさい。

この手紙は藤吉郎にも見せてやるように。

藤吉郎妻へ
のぶ

※羽柴秀吉室杉原氏宛消息(個人蔵)の意訳

こぼれバナシ

ポニーに乗った戦国武将!?

戦国時代の戦《いくさ》の光景《こうけい》として私たちが想像するのは、凛《り》々《り》しい軍馬《ぐんば》にまたがって戦う武将たち。でも、サラブレッドが日本に入ってきたのは明治時代の話で、当時の日本の馬は体高130センチ前後と、サラブレッド（約165センチ）に比べると、とっても小柄。宣教師《せんきょうし》たちも日本の馬を「ポニー」と記録しています（147センチ以下の馬をポニーと呼ぶから間違いではない）。日本在《ざい》来馬《らいば》はガッシリ体型で足腰《あしこし》も強く、また当時の日本人も現代人に比べて小柄だった（男子の平均身長が157センチ）とは言え、約40キロもの鎧《よろい》を着た武将を乗っけて走るのは大変だったでしょうね。実際にはそれほど騎馬《きば》戦《せん》は行われていなかったのでは、と主張する研究者もいます。

体重160kgの超巨漢
だったという豊臣秀頼。
最後まで出陣しなかったけど
乗れる馬もなかったんじゃ…？
サラブレッド
体高（肩までの高さ）160～170cm
時速60km以上で走る。
木曽馬など
日本在来馬
体高 125～135cm
時速 40km
ずんぐりむっくり胴長短足。体は丈夫!!
シェットランドポニー
体高 約100cm

今夜、ANOYOのバーで

＊秀吉没後、豊臣政権下で五大老の一人だった家康が力を増大させていくことを懸念した石田三成が「徳川討伐」の挙兵を宣言、関ヶ原の戦いへと発展する。

＊1591年、秀吉は甥の秀次を後継者にすることを決定、関白職を譲った。

＊関ヶ原の戦いは名目上は「豊臣家を守るための家臣同士の内紛」であり、豊臣家は静観の立場。秀頼と淀殿（茶々）は一件には無関係につき戦の責任は不問とされた。

＊秀吉の朝鮮出兵／1592年～1598年。過大な兵役を課せられ国力を弱められた大名たちは、豊臣政権への反感を募らせた。

＊秀次事件／1595年、突如謀反の嫌疑がかけられ、秀次は切腹。秀次の妻子39人が三条河原で処刑された。

ホントはこんな話

チャンスと人心を掴む力に天才的に長《た》けていた豊臣秀吉《とよとみひでよし》（76頁）ですが、無謀な朝鮮出兵《ちょうせんしゅっぺい》を強行して大名たちを疲弊《ひへい》させたり、息子・秀頼《ひでより》（92頁）可愛さに甥《おい》の秀次《ひでつぐ》（105頁）に謀反《むほん》の罪を被せて切腹《せっぷく》させたり（104頁）と、晩年は徐々《じょじょ》に様子がおかしくなっていきました。そして朝鮮出兵をきっかけに芽生《めば》えた家臣内の対立と、わずか5歳の後継者・秀頼を残して、1598年にこの世を去ります。

秀吉は死に際し、秀頼の補佐役として五大老《ごたいろう》・五奉行《ごぶぎょう》の制度を定め、五大老の筆頭《ひっとう》でもあった徳川家康《とくがわいえやす》（124頁）を秀頼が成人するまでの後見人に指名していましたが、家康は遺言を無視して好き勝手に振舞《ふるま》い始めます。それにかろうじてブレーキをかけていたのが、五大老のひとり・前田利家《まえだとしいえ》でしたが、彼が1599年に死去すると、もはや家康の独壇場《どくだんじょう》。そこで、それを阻止しようと動いたのが五奉行のひとり・石田三成《いしだみつなり》（103頁）でした。しかしこの三成、非常に残念なことに、まるで人望がない！　豊臣家臣の中でも文治《ぶんち》派（いわば事務方）の三成は、武断《ぶだん》派（現場）の武将たちにとにかく嫌われていました。やがて、その亀裂《きれつ》につけ込んだ徳川家康と武断派が結託《けったく》して東軍、対する石田三成が五大老・毛利輝元《もうりてるもと》を担《かつ》いで西軍となり、双方、味方を増やすべく、日本中の大名や武将の引き込み工作を行っていきます。しかしここでもまた、大名の妻子を人質にとって脅《おど》すなど強引な手段で反感を買ってしまう三成。更に、豊臣秀頼や総大将である毛利輝元の出馬《しゅつば》を要請していましたが、いずれも拒否されてしまいます。

そうこうしながらも、幸村の父・昌幸《まさゆき》（50頁）が活躍した第二次上田合戦《うえだかっせん》（44頁）などのいくつかの前哨戦《ぜんしょうせん》を経て、1600年9月15日に関ヶ原《せきがはら》（現在の岐阜県不破郡関ヶ原町）に西軍10万、東軍8万もの兵が集結し、いよいよ関ヶ原《せきがはら》の戦い本戦の火蓋《ひぶた》が切られました。数で勝る西軍でしたが、その実、東軍に内応《ないおう》している者も多く、三成を嫌っていた西軍の武将・小早川秀秋《こばやかわひであき》（豊臣秀吉の義理の甥）の裏切りを機に、寝返る部隊が続出し、西軍は敗走、関ヶ原本戦はわずか一日足らずで東軍圧勝という形で終結したのです。10月1日、石田三成が京都六条河原《ろくじょうかわら》において斬首されたのを皮切りに、西軍の武将たちは刑死、自刃《じじん》、流罪《るざい》、追放など次々に厳しく処分されました。

この戦いは、実質的には秀頼を擁護《ようご》する三成と、秀頼を無視して力を増大させる家康の戦いでしたが、両軍とも名目上は「豊臣家のため」としており、秀頼もあくまでも中立の立場。そのため西軍が敗戦しても、秀頼の責任は表向きには追求されませんでしたが、家康は戦後のどさくさに紛《まぎ》れて豊臣家の直轄領《ちょっかつりょう》を没収し、その力を削《そ》いでゆきます。そうしてこの3年後、徳川家康はとうとう征夷大将軍《せいいたいしょうぐん》となり、江戸幕府を開いたのでした。

関ヶ原の戦い武将相関図

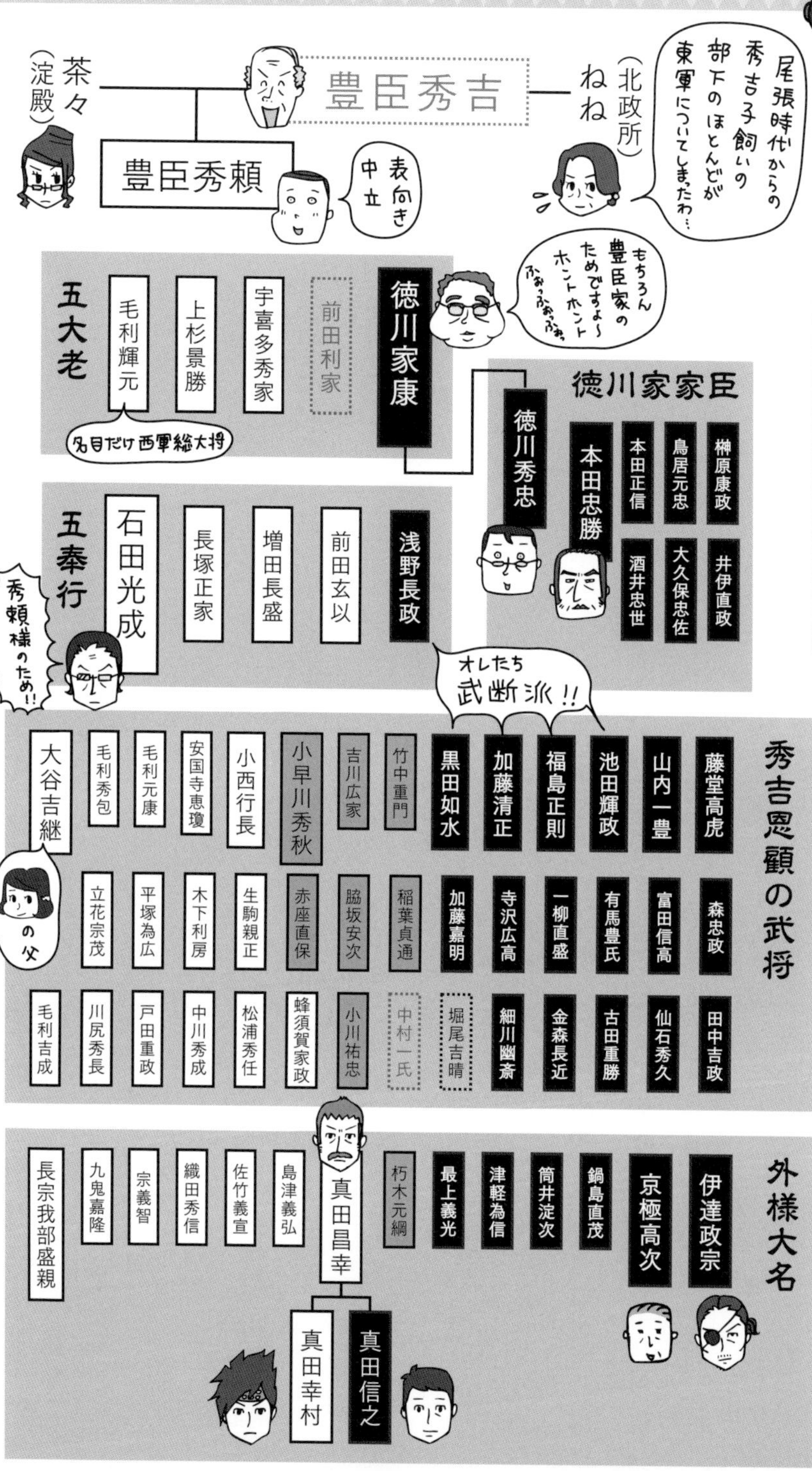

東軍に参加
西軍に参加
東軍に寝返る
不参加・すでに死没

石田三成《いしだみつなり》

1560～1600年。豊臣秀吉《とよとみひでよし》（76頁）の重臣で、五奉行《ぶぎょう》のひとり。関《せき》ヶ原《がはら》の戦い（102頁）における西軍の実質的主導者《しゅどうしゃ》。

鷹狩《たかが》りの途中、喉《のど》が渇《かわ》いて寺に立ち寄った秀吉に、寺の小姓《こしょう》（後の三成）が、ぬるめたっぷり、ちょい熱め、最後に熱～いのを少しという順で3杯のお茶を出し、秀吉を感心させたという、有名な「三献《さんけん》の茶《ちゃ》」のエピソード。相手の望みを的確に判断する聡明《そうめい》さや、相手への気配りの大切さを説《と》いていますが、どうも後世《こうせい》の創作のようです。確かにこんなに気配り上手なら、もうちょっとうまく立ち回れたんじゃないのという気もしないではない。とっても有能で秀吉に重用《ちょうよう》され、豊臣政権下で大きな権力を握《にぎ》りましたが、彼はいわばキャリア官僚《かんりょう》。「戦は会議室で起きてるんじゃなーい！」てな感じで、武《ぶ》断《だん》派と呼ばれる叩きあげの家臣たちとの仲は最悪でした。結果、関ヶ原で対決し、裏切りによって敗北した三成。しかしその最期《さいご》は、なかなか潔《いさぎよ》く立派なものだったと伝わります。不器用《ぶきよう》ですが、最後まで秀吉に忠義《ちゅうぎ》を尽《つ》くした律義者《りちぎもの》だったということは、あ、間違いなぁい～！

秀《ひで》次《つぐ》事《じ》件《けん》

豊臣秀吉《とよとみひでよし》が50歳を過ぎてやっと授《さず》かったのが、淀殿《よどどの》が生んだ鶴松《つるまつ》って男の子だったんですが、生まれて3年ほどで亡くなっちゃったんですよね。秀吉の落胆《らくたん》たるや相当なもので、ヤケクソのように無謀《むぼう》な朝鮮出兵《ちょうせんしゅっぺい》を決め「自分は大陸の王になるから、日本はお前に任せる」って甥《おい》の秀次を養子・跡継ぎにし、関白《かんぱく》職を譲《ゆず》ったんですって。ところがその直後、再び淀殿の妊娠《にんしん》が判明。そして生まれたのが後の秀頼《ひでより》です。秀吉の喜びようは半端《はんぱ》ではなかったようですよ。でもそうなってくると、やはりわが子に跡を継がせたいと思うのが親心なんですかね。秀頼誕生の2年後、秀次に謀反《むほん》の疑いがかけられます。特に証拠があるわけでもなかったようで、当時から冤罪《えんざい》じゃないかとみんな思ってたみたいですよ。弁解の余地も与えられないまま秀次は切腹《せっぷく》させられ、その側近《そっきん》20人以上が殉死《じゅんし》しただけでなく、秀次の幼子《おさなご》や側室、乳母《うば》など39人も秀次の首を前に京都三条河原《さんじょうがわら》で処刑されたっていうから、むごい話じゃないですか。しかし、この事件のせいで秀頼の血縁はほぼ皆無《かいむ》になり、結果として家康《いえやす》の台頭《たいとう》を許したというから皮肉なもんですよねぇ。

豊臣秀次《とよとみひでつぐ》

1568〜1595年。豊臣秀吉《ひでよし》（76頁）の姉・ともの長男。豊臣家2代目関白《かんぱく》。

秀吉の弟・秀長《ひでなが》と嫡男《ちゃくなん》・鶴松《つるまつ》（茶々《ちゃちゃ》［91頁］の第一子）が相次いで亡くなったため、秀吉の後継者《こうけいしゃ》に指名され関白を継《つ》ぎますが、秀頼《ひでより》（92頁）の誕生により、秀吉に疎《うと》まれ出家《しゅっけ》、そのまま自害《じがい》に追い込まれます。一応、名目《めいもく》としては「謀反《むほん》を企《くわだ》てた疑い」ですが、冤罪《えんざい》の匂《にお》いプンプン。直後に妻子《さいし》39人だけでなく、側近《そっきん》やその妻子までも処刑されるというおぞましさでした。無能で無慈悲《むじひ》な暴君《ぼうくん》として「殺生関白《せっしょうかんぱく》」なんて不名誉《ふめいよ》なあだ名まで伝わる秀次ですが、それらのイメージは謀反説を正当化するための後付けで、むしろそこそこ有能で穏《おだ》やかな人物だったのではと、近年見直されつつあります。宣《せん》教師《きょうし》フロイスも「万人《ばんにん》に愛される性格の持ち主」と記録していますし、秀次事件の際に多くの家臣が進んで殉死《じゅんし》していることも、それを裏付けているかのようです。ちなみに、秀次事件で一族はほぼ根絶《ねだ》やし状態になりましたが、娘は数人生き残っており、そのうちの1人（隆清院《りゅうせいいん》）が幸村《ゆきむら》の側室になり、一男一女をもうけています。

こぼれバナシ

宣教師《せんきょうし》は見た！

イエズス会宣教師ルイス・フロイスは1563年から35年に渡って日本で布教《ふきょう》活動を行い、時の権力者たちの姿や日本の風俗風習《ふうぞくふうしゅう》を細かく観察・記録しました。

そこに書かれている当時の日本の女性たちがちょっと意外で面白い！　フロイスはヨーロッパの女性たちとのあまりの違いに驚いたようですが、現代の私たちがみてもちょっとビックリです。戦国時代の女性たち、なかなか強かったんですねぇ〜！

日本の女性は貞操《ていそう》や純潔《じゅんけつ》を少しも重んじないそれを欠《か》いても名誉《めいよ》も失われなければ結婚もできる
日本の夫婦はそれぞれの財産を持ち時には妻が夫に高利《こうり》で貸し付けている
シンジラレナ〜イ!!
日本では妻が前を歩き夫がその後ろを歩く
日本の娘たちは両親に断《ことわ》りもなく一日でも数日でもひとりで好きなところへ出かける
日本ではしばしば妻が夫を離縁《りえん》する
日本では女性が酒を飲むのは普通のことで祭の時には酔っ払うまで飲んでいる

第4章

大阪夏の陣前夜編

次女はツライよ

はじめまして
浅井《あざい》初《はつ》と申します
初(茶々の次妹)
ええ
あの浅井三姉妹の
真ん中の初です
え?
ご存じない!?
なぬっ!?
あの…
美人三姉妹として有名な
浅井三姉妹ですよ!
私たちの母の市《いち》は
あの織田《おだ》信長《のぶなが》社長の妹で
それはそれは綺麗《きれい》な人でした
兄
妹
市(信長の妹)

＊お市の方／信長の同母妹。浅井長政に嫁し、浅井三姉妹を生んだ。

ところが
なんやかんやあって
両親共に早くに
亡くなりましてね
私たちそりゃあ苦労して
育ったんです
長女 茶々
次女 初
三女 江

＊浅井長政は信長に敗れ自害。その後、お市の方は柴田勝家に再嫁するが、賤ヶ岳の戦いで秀吉に敗れた勝家と共に自害した。

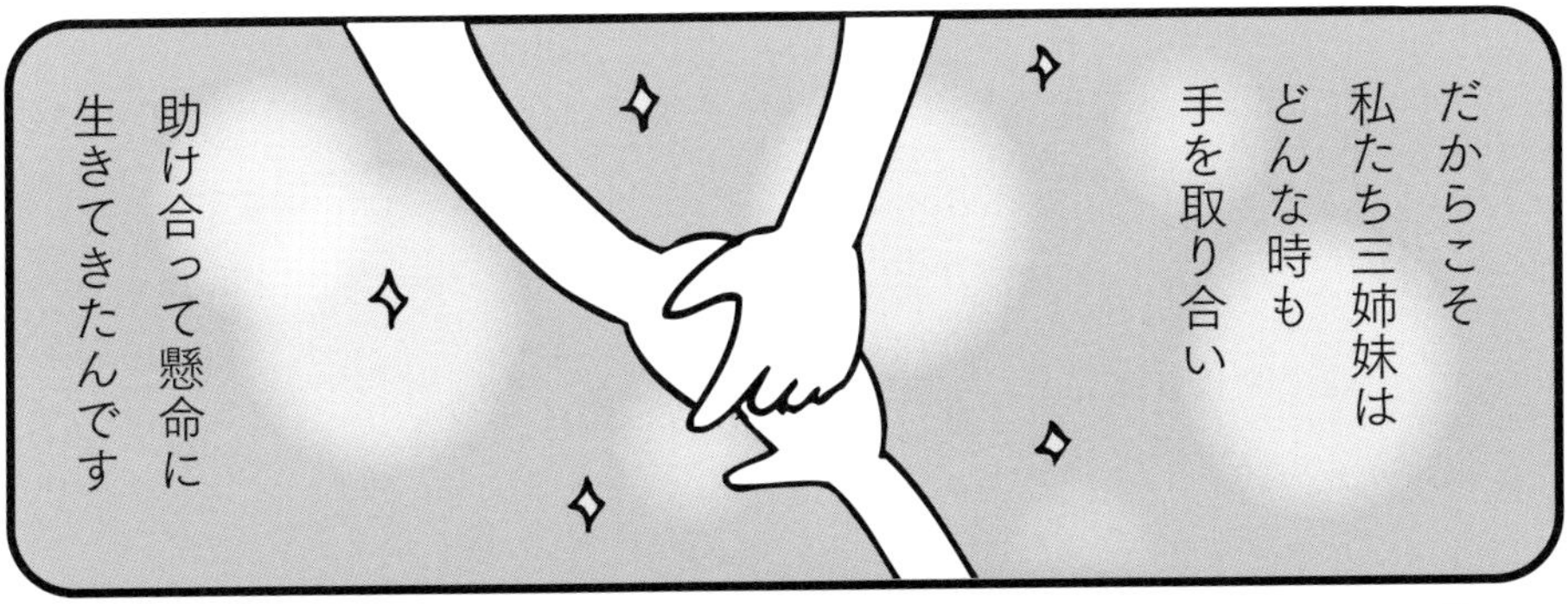
だからこそ
私たち三姉妹は
どんな時も
手を取り合い
助け合って懸命に
生きてきたんです

そして茶々《ちゃちゃ》姉さんは生活のために
豊臣秀吉《とよとみひでよし》会長の第二夫人になり
豊臣
イラッ
ガマンガマン…
ナデナデ
ピシッ
息子
徳川
秀忠
徳川
ほっほっ
ほっほっ
妹の江《ごう》は二度の結婚と死別の後
徳川家康《とくがわいえやす》の息子の秀忠《ひでただ》と再々婚
なんか頼りなさそうな人ね…

ハーーッ
その両家が今や
敵対する二大デパート
ホント
頭痛い状況なのよ
今はとりあえず
業務提携《ぎょうむていけい》する方向で
落ち着いたけど
いつまた決裂《けつれつ》するか…

また両デパートが
戦うことになれば今度こそ
豊臣は潰されてしまう
母代わりになって
私たちを守ってくれた
茶々姉さんを
何とか助けたくて
私も江もがんばってるんだけど
ただ茶々姉さんは
とにかく生真面目《きまじめ》と言うか
頭が固いというか…
融通《ゆうずう》の利かない
ところがあって
プライドも高くて
妹たちを守らなくちゃ
浅井の名を汚しちゃダメ
子供を産まなくちゃ
しかもゼッタイ男の子!!
豊臣家を守らなくちゃ
2番じゃダメなんですよ
対する江は
楽天的で
要領良くて
どこにでも誰にでも
合わせられる
柔軟《じゅうなん》性があるんだけど
ちょっと楽観的
すぎるって言うかね…
とりあえず
生きてたら
何とかなるわよ
流れに
逆らわず
雲のように
風のように…

＊京極高次／若狭小浜藩初代藩主。妻・初や妹・松の丸殿（秀吉の側室）の方が有名なことから「蛍大名」と呼ばれた。

ホントはこんな話

茶々《ちゃちゃ》（91頁）には初《はつ》（114頁）と江《ごう》（115頁）という2人の妹がいて、浅井《あざい》三姉妹と呼ばれています。近江《おうみ》の戦国大名・浅井長政《ながまさ》と、織田信長《おだのぶなが》（78頁）の妹で戦国一の美女・お市《いち》の方《かた》の間に生まれた3人は、母に似た美人姉妹だったと伝わります。現代に例えるならば、会社社長の父とミスコン優勝経験を持つ美しい母、夫婦仲は円満、可愛い3人の娘は仲も良く……と、絵に描いたような幸せ家族って感じでしょうか。しかしこの幸せ一家の運命は、父・長政が伯父・信長を裏切って戦を仕掛けたことから暗転します。3年にわたる戦いの末、長政は信長に敗北し、自害。その際、信長は長政のしゃれこうべで酒盃を作らせて祝杯をあげたなんていう逸話も伝わっています。恐ろしいですね～。真偽《しんぎ》のほどはともかく、信頼していた義弟に裏切られた信長の怒りはそれほど大きかったようです（と言っても、先に信長が「長政の盟友・朝倉義景《あさくらよしかげ》を攻めない」という約束を破ったからなんですけどね）。

長政への怒りはさておき、信長は妹や姪《めい》たちには優しかったようで、浅井家滅亡後、市と三姉妹は信長の庇護《ひご》のもと、比較的平穏な9年間を過ごします。しかし1582年に本能寺《ほんのうじ》の変で信長が死去すると、お市は信長の重臣だった柴田勝家《しばたかついえ》に再嫁《さいか》。翌1583年に賤ケ岳《しずがたけ》の戦いで勝家が豊臣秀吉《とよとみひでよし》（76頁）に敗れると、お市は勝家と共に自害《じがい》してしまいます。そして三姉妹は今度は秀吉に保護され生きていくことになるのです。親が戦や政争に敗れると子供といえど容赦《ようしゃ》なく殺されることが珍しくなかった時代に、そのつど権力者に保護されて生き残ることができたという点では、浅井三姉妹は幸運だったのかもしれません（現に兄の万《まん》福丸《ぶくまる》は、長政が信長に敗れたときにわずか10歳でしたが、磔《はりつけ》の刑に処せられ亡くなっています）。しかし父母を殺されながら、いつでもその仇《かたき》に縋《すが》るしか生きていく術《すべ》がないというのも、なかなか辛いものだったのではないでしょうか。そんな過酷な運命の中で3人の結束はますます固まり、大変仲のよい姉妹だったようです。

そして数年後、長女の茶々は秀吉の側室となり、三女の江は徳川家康《とくがわいえやす》（124頁）の嫡男・秀《ひで》忠《ただ》（125頁）の正室となります。いずれも秀吉の意向によるものでしたが、秀吉没後、豊臣と徳川が対立、はからずも姉妹は敵同士の関係になってしまうわけです。次女の初は、姉と妹の間を取り持つべく懸命《けんめい》に働きかけ、大坂冬の陣後の和平交渉では豊臣方の代理人として仲介役も務めました。初の夫・京極高次《きょうごくたかつぐ》が徳川方の大名でもあったため、豊臣・徳川の両方にとって中立的な立場だったからです。ちなみにこの京極高次サン、そこそこ有能なのに、妻と妹（秀吉の側室で、美人で有名な松《まつ》の丸殿《まるどの》）のインパクトが強すぎて、『蛍大名《ほたるだいみょう》（妻と妹の七光り大名）』なんてあだ名を付けられた、ちょっとかわいそうな人。デキる嫁を持つと辛いですね～。

浅《あざ》井《い》初《はつ》（常光院《じょうこういん》）

1570～1633年。浅井長政《ながまさ》の次女。若狭《わかさ》小浜藩主《こはまはんしゅ》京極高次《きょうごくたかつぐ》の正室。出家《しゅっけ》後は常光院と号《ごう》する。

浅井三姉妹の中でも、姉の茶々《ちゃちゃ》（91頁）、妹の江《ごう》（115頁）に比べて、やや影が薄い感が否《いな》めない初。しかし彼女は、姉と妹、そして豊臣と徳川の橋渡し役として、懸命《けんめい》に働きました。愛する姉と妹の間に挟《はさ》まれた初の「真ん中って気ぃ遣《つか》ってるのよ」というボヤキが聞こえてきそうですよね。夫の京極高次は、秀吉《ひでよし》（76頁）や秀忠《ひでただ》（125頁）のインパクトに比べるとややキャラが弱く、まるで雑魚《ざこ》キャラ扱いでお気の毒ではありますが、京極家は名門で、彼自身も関ヶ原《せきがはら》の戦い（102頁）で大活躍して家康《いえやす》（124頁）の信頼も得ている堅《けん》実《じつ》な人なんですよ。

茶々と秀頼《ひでより》（92頁）が自害《じがい》した後も、初は秀頼の子供たちの助命嘆願《じょめいたんがん》に尽《じん》力《りょく》。長男・国松《くにまつ》は嘆願むなしく処刑されてしまいましたが、秀頼の側室が産んだ娘（後の天秀尼《てんしゅうに》）は千姫《せんひめ》（江の娘。秀頼の正室）の養女として尼寺《あまでら》に入ることで助命されました。

浅井《あざい》江《ごう》（崇源院《すうげんいん》）

1573〜1626年。浅井長政《ながまさ》の三女。江戸幕府2代将軍徳川秀忠《とくがわひでただ》（125頁）正室。3代将軍徳川家光《いえみつ》の母。小督《おごう》、江与《えよ》という名も伝わる。出家《しゅっけ》後は崇源院と号《ごう》する。

江は豊臣秀吉《とよとみひでよし》（76頁）の持《も》ち駒《ごま》として3度の政略結婚《せいりゃくけっこん》をさせられました。最初の夫は、信長《のぶなが》（78頁）の次男・信雄《のぶかつ》の家臣でしたが、利用価値がなくなり秀吉に離縁《りえん》させられます。次に秀吉の甥《おい》・豊臣秀勝《ひでかつ》に嫁《とつ》ぎ、娘の完子《さだこ》をもうけますが、秀勝は朝鮮出兵《ちょうせんしゅっぺい》の際に病死。そして、3度目の夫が家康の息子・後の2代将軍秀忠です。政争に翻弄《ほんろう》され、仲の良かった姉を敵《かたき》として失うなど、苦労の多い人生だったでしょうが、2代将軍正室、3代将軍生母として、安定した晩年を送りました。ちなみに、完子を産むとき2度目の夫・秀勝は病死した後だったため、江は茶々《ちゃちゃ》の元で出産。秀忠に再々嫁《さいさいか》する際には茶々に完子を託《たく》しました。茶々は完子を大切に育て、盛大《せいだい》な支度《したく》で摂関家《せっかんけ》の九条家《くじょうけ》に嫁がせました。完子の玄孫《やしゃご》と家光の玄孫《やしゃご》が結婚し、その子孫が昭和天皇生母の九条節子《さだこ》です。現在の皇室は織田《おだ》・豊臣・徳川の血を受け継《つ》いでいるって、なんだかすごい話だと思いませんか？

あちゃ〜…な展開？

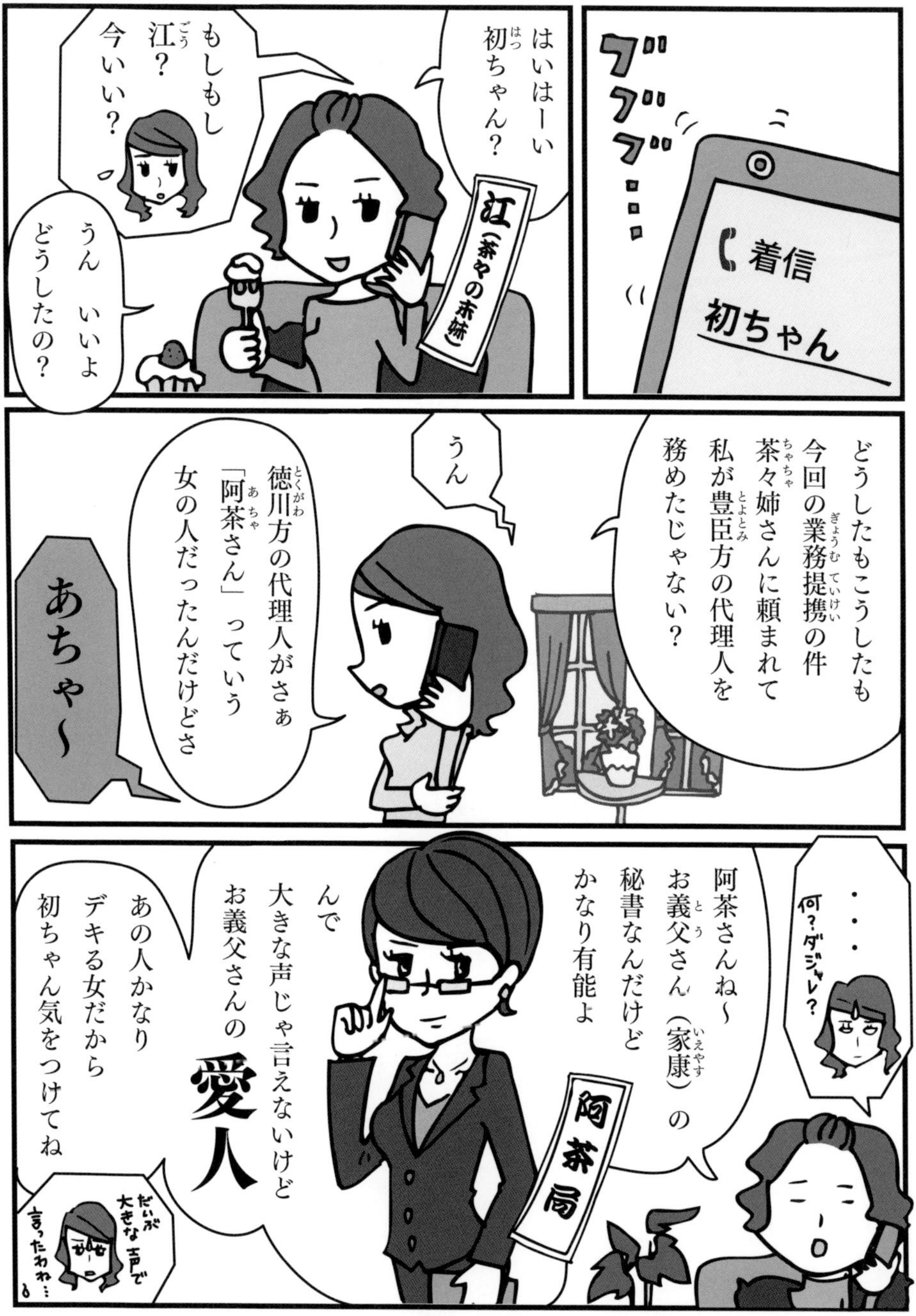
ブブブ…
着信
初ちゃん
はいはーい
初《はつ》ちゃん？
江（茶々の末妹）
もしもし
江《ごう》？
今いい？
うん　いいよ
どうしたの？
どうしたもこうしたも
今回の業務提携《ぎょうむていけい》の件
茶々《ちゃちゃ》姉さんに頼まれて
私が豊臣《とよとみ》方の代理人を
務めたじゃない？
うん
徳川《とくがわ》方の代理人がさぁ
「阿茶《あちゃ》さん」っていう
女の人だったんだけどさ
あちゃ〜
・・・
何？ダジャレ？
阿茶さんね〜
お義父《とう》さん（家康《いえやす》）の
秘書なんだけど
かなり有能よ
阿茶局
んで
大きな声じゃ言えないけど
お義父さんの
愛人
あの人かなり
デキる女だから
初ちゃん気をつけてね
だいぶ大きな声で言ったわね…

そうなのちょっと厄介な展開になってて…
業務提携の条件は
秀頼《ひでより》ら経営陣のポジションはそのままとする
冬の陣で参入した無名ブランド各社の豊臣との契約もそのままとする
豊臣百貨店の催事フロア・食品フロアは両社による共同運営とする
ってことでまとまってたのにさ
あちゃ～
・・・
イラッとくるわね その返し…
初ちゃん その条件飲んだの？ それ　阿茶さんにうまいことしてやられてるわよ
え！
催事フロアと食品フロアが豊臣デパートのドル箱なのに それを明け渡しちゃったら 丸裸《まるはだか》にされたも同然よ
でも 共同運営であって明け渡したわけじゃないわよ
共同運営なんて言って 実質徳川が占拠《せんきょ》するに決まってるじゃなーい
甘いわ～ このケーキくらい甘甘だわ～

そんなまさか…
でもそうなの 困ったことというのが まさにそれで
催事の内容は 徳川が 仕切っているのに 催事場設置や 広告宣伝費等の 金銭負担は 豊臣に押しつけ られているらしくて
北海
請求書 回しておきます 手形でもいいですよ
こ、こんな高額…
いい? 初ちゃん よく聞いて
あ その前に ちょっと待ってね
あなた〜! 洗濯物たたんで おいてくれる〜? あとチロの散歩 行ってくれた〜?
……………
業務提携なんて 言ってるけど 本当のところ 義父は豊臣を潰す気よ
今だって 無理難題を突きつけて 茶々ちゃんがキレて 業務提携破棄《はき》… って展開を 期待して いるのよ
プチッ
やってられるかぁっ!!
ほっほっほっ あきらめたらそこで 試合終了ですよ
業務提携書

その時に備えて売り上げが見込める部門を潰していく一方で豊臣にどんどん金を使わせている
いずれ小切手の不渡りを出させて一気に倒産に追い込む目論見《もくろみ》なのよ
小切手
小切手
ほっほっほ
ほっほっ
なんてこと…あんたの舅《しゅうと》だしウチの主人の上司でもあるからあんまり悪く言いたくないけど家康ってホントひどいヤツよね！
どーもー また出演できました 京極高次です〜
徳川関連会社社長
何 名ゼリフ パクッてんのよっ
似てるの メガネと二重アゴだけじゃないっ
亡くなった秀吉会長にあれほど豊臣と秀頼を頼むって頼まれてたのに！
…う〜ん でもね
やり方はともかく私 義父の考えなんとなく分かるの
え？

はっきり言って
茶々ちゃんにも秀頼にも
巨大デパートを経営していく
手腕《しゅわん》はないわ
豊臣
そしてウチの
ダンナも
経営手腕は
ないのよね
これがまた
徳川
おっとっと
支えきれるかな
こりゃ…
そ そうなの?
アンタ
自分のダンナを…
ダメな二代目同士で
潰し合いになったら
徳川も豊臣も
共倒れしてしまう
そうなると
日本経済への影響は
計り知れないわ
義父はそれを
最も恐れていて
自分が健在なうちに
豊臣を倒し
徳川の地位を
磐石《ばんじゃく》のものにしたいと
願っているのよ
ダメ息子
でも
大丈夫な
体制を
作らにゃ
ならん…
ポケー

せめて茶々ちゃんが
プライドを捨てて
徳川の傘下《さんか》に下ってくれたら…
バカ言わないでよ!! なんで私が徳川の下にっ
そうすれば義父だって
秀頼に大阪店を任せる気で
いるからって
私は私で何回か
説得したんだけどね～
でもそこで
折れられないのが
茶々ちゃんの性格なら…
辛いけどそれが
茶々ちゃんと
豊臣の運命
なんじゃないか
って思ったりね…
・・・・
あんたって
ぼんやりしてる
ように見えて
意外と冷静に
状況分析してるのね…
そう?
あ　あなた～!
ご飯炊いておいてくれた～?
さっきから
思ってたんだけど
ちょっと秀忠さん
こき使いすぎじゃないの?
仮にも徳川の社長でしょ?
いいのよ
会社でも大して
働いてないんだから
そんなんだから
秀忠さん恐妻家《きょうさいか》って
噂《うわさ》されるのよ
恐妻家じゃなくて
愛妻家《あいさいか》って言って
欲しいわね!
あの人浮気とかも
したことないわよ
…それ
アンタが恐いからじゃ…

大坂冬の陣後の和睦《わぼく》交渉の使者は、豊臣《とよとみ》方は茶々《ちゃちゃ》（91頁）の妹・初《はつ》（114頁）が、徳川《とくがわ》方は家康《いえやす》の側室・阿茶局《あちゃのつぼね》（126頁）が務めました。なんとこの超重要局面において、女性が主役の交渉会議！　戦国時代っていかにも男社会って感じで女性の出る幕などなさそうな印象ですが、意外とそうでもなかったようで、女性が存在感を発揮している場面も多いんです。茶々やねねも大きな発言力を持っていましたしね。宣教師フロイスも、当時の日本の女性たちの強～い姿を「シンジラレナーイ！」という驚きと共に書き記しています（106頁）。

さて、この徳川方の交渉人である阿茶局、家康《いえやす》（124頁）が奥向きの仕事の一切を任せるだけでなく、相談役として多くの戦場に同行させていたほどの「デキる女」で、まさに有能秘書（兼愛人）といったイメージ。冬の陣後の講和の条件も、徳川有利になるようまとめあげます。それは以下のようなものでした。

・二の丸、三の丸を破壊し、外堀を埋める。
・淀殿《よどどの》（茶々）を人質としない代わりに大野治長《おおのはるなが》、織田有楽斎《おだゆうらくさい》が人質を出す。
・秀頼の身の安全を保障し、領土保有をそのままとする。
・城中諸士（浪人）については罪を問わない。

ここで大問題なのが、ひとつ目の条件である、二の丸、三の丸の破壊と外堀の埋め立て。32

頁の図でもわかるように、大坂城が難攻不落の堅城たるゆえんは、その堀と惣構《そうかまえ》にあったのに、これを埋め立てられては丸裸《まるはだか》同然。しかし「これからは仲良くするんだから、こんな守備はいらないでしょ」とばかりに、豊臣方にこの「あちゃ〜」な条件を飲ませてしまうのです。そして呆然としている豊臣方を尻目に、あっという間に掘を全て埋め立て、真田丸《さなだまる》を解体し、石垣を崩してしまいます。条件では、三の丸の破壊は豊臣方が行うことになっていたのに、ご親切にも徳川方が「手伝いますよ」とやってきて、さっさと破壊してしまうという気の回しよう。後の世の私たちは知っていますが、もちろんこれは、家康が豊臣と仲良くしたいと思って結んだ和議ではありません。いわゆるドラクエにおけるルカナン、パズドラにおけるアーマーブレイク……要するに、敵の守備力を下げる作戦。握手しながら裏では舌を出し、豊臣を叩き潰す準備を周到にしているだけなのです。

ってもう何だか老獪《ろうかい》さも非情さも全開で、いよいよ感じ悪くなってきた家康ですが、この時すでに71歳。当時の寿命で考えると、いつ死んでもおかしくない年なのです。乱世に逆戻りさせないためにも、自分が生きているうちに何としても豊臣という火種《ひだね》を消し、若い秀忠（125頁）にも治めきれるだけの磐石《ばんじゃく》の態勢を築いておく必要がありました。泰平《たいへい》の世を創るため、老体に鞭《むち》打っての、家康おじいちゃん最後の戦いでもあったのです。

徳川家康《とくがわいえやす》

1543~1616年。江戸幕府の初代征夷大将軍《せいいたいしょうぐん》。

三河《みかわ》の豪族《ごうぞく》の息子として生まれ、今川《いまがわ》氏や織田《おだ》氏の元で人質《ひとじち》として苦労しながら成長した家康サン。彼の半生を漢字2文字で表すなら、ズバリ「忍耐《にんたい》」。若い頃に数々の裏切りも経験し、その苦難の日々が「鳴かぬなら鳴くまで待とうホトトギス」と例えられるほど忍耐強い人格を形成したようです。また、寡黙《かもく》でケチ…もとい倹約家《けんやくか》で、健康志向が強かったことでも知られており…ハイ、誰ですか？「つまんね～男。モテなさそ～」って呟《つぶや》いた方！ 確かに健康に気をつけてケチケチと長生きし、待ちに待って、姑息《こそく》な手も使いつつちゃっかり天下GETという感じが否《いな》めないので、ヒーロー感は若干《じゃっかん》薄《うす》いですが、慎重《しんちょう》で堅実《けんじつ》な家康だからこそ、江戸幕府という完成度の極《きわ》めて高い支配体系を構築《こうちく》し、日本に250年以上にわたる泰平《たいへい》の世をもたらすことができたのです。彼は世が安定したのを見届けるかのように、大坂夏の陣の翌年《よくとし》に亡くなります。あまりのタイミングに、実は夏の陣で死んでいて、1年間は影武者《かげむしゃ》だったのではって説もあるくらい。えっ！マジ？

徳川秀忠《とくがわひでただ》

1579~1632年。徳川家康《いえやす》（124頁）の三男。徳川幕府第2代将軍。

ゴッドファーザー・家康に頭の上がらない、凡庸《ぼんよう》な2代目というイメージの強い秀忠。実際、将軍になってからも家康が実権を握《にぎ》っていて、何かにつけて怒られたり意見が通らなかったりしたようで、大坂夏の陣でも先陣《せんじん》を務《つと》めさせてもらえず、74歳の家康が務めています。若かりし頃には、兵力では圧倒的《あっとうてき》に劣《おと》る真田昌幸《さなだまさゆき》（50頁）の軍にコテンパンにされて関ヶ原《せきがはら》本戦に大遅刻、家康に大目玉を食《く》らうという黒歴史《くろれきし》もあり、その逆恨《さかうら》みで、家臣の真田信之《のぶゆき》（幸村の兄・48頁）に移封《いほう》（いわば転勤《てんきん》）という嫌がらせをしてみたりと、器量《きりょう》ちっちぇエピソードも。本妻の江《ごう》（115頁）の他に側室を持たなかったけど、愛妻家《あいさいか》ではなく恐妻家《きょうさいか》と呼ばれちゃうところも、気の弱そうな秀忠らしい。と、やっぱりパッとしないイメージの彼ですが、アクの強い面々と波風立てることなく、場をうまくまとめることができるってのも、目立たないけれど、ひとつの能力かも。なんやかんやで、家康の死後もちゃんと徳川幕府の基盤《きばん》を固めましたしね。

阿茶局《あちゃのつぼね》（雲光院《うんこういん》）

1555～1637年。徳川家康《とくがわいえやす》（124頁）の側室。名前は「須和《すわ》」。出家《しゅっけ》後は雲光院と号《ごう》した。

何となく勝手なイメージとして、それほど女好きっぽくない家康ですが（だってケチだし）、実は20人近い側室がいました。そりゃまぁそうですよね、天下人だもの。放っていたって、政略絡《せいりゃくがら》みの縁談話《えんだんばなし》も次々舞《ま》い込みそうです。そんな数多《あまた》いる側室の中でも、子供を産んだわけでもないのに最も重用《ちょうよう》されたのが、この阿茶局です。そう、寵愛《ちょうあい》というより重用というところが肝《きも》。彼女は家康が相談役として戦場に同行させるほど、才知ある有能な女性でした。今で言う、有能秘書兼愛人《ゆうのうひしょけんあいじん》ってところでしょうか。生母亡き後の2代将軍・秀忠《ひでただ》（125頁）の養育《よういく》も任《まか》されています。家康が亡くなった時、他の側室は全員出家しましたが、家康の遺言《ゆいごん》により彼女だけは出家せずに実務《じつむ》に就《つ》き続けたのでした。ちなみに、家康の寵愛深い側室で「茶阿局《ちゃあのつぼね》」という女性もおり（ややこしいですね）、こちらは家康が鷹狩《たかが》りの途中で一目惚《ひとめぼ》れして拉致《らち》ってきたほどの美女で、家康の六男・忠輝《ただてる》の母です。

第5章 大阪夏の陣その後編

あ どうも
はじめまして
片倉重綱《かたくらしげつな》と申します
片倉重綱
アパレルメーカー
独眼《どくがん》コーポレーションで
プレスやってます!
プレスっていうのは
広告やプロモーションを担当する
花形職です
我が独眼コーポレーションは
伊達政宗《だてまさむね》社長率いる
日本最大手アパレルメーカー
百貨店から始まり
今では鉄道会社や住宅・家電など
あらゆる業種を傘下《さんか》に収めている
徳川《とくがわ》グループの主要企業の
ひとつです
あの「大阪夏の陣」では
我が社の各ブランドが
売り上げに大いに貢献《こうけん》しました!
自慢じゃないけど僕も大活躍したんですよ♫
TOKUGAWA
徳川銀行
伊達政宗

＊1614年12月20日に和議が成立し大坂冬の陣は終結したが、翌年1615年5月に大坂夏の陣が勃発した。

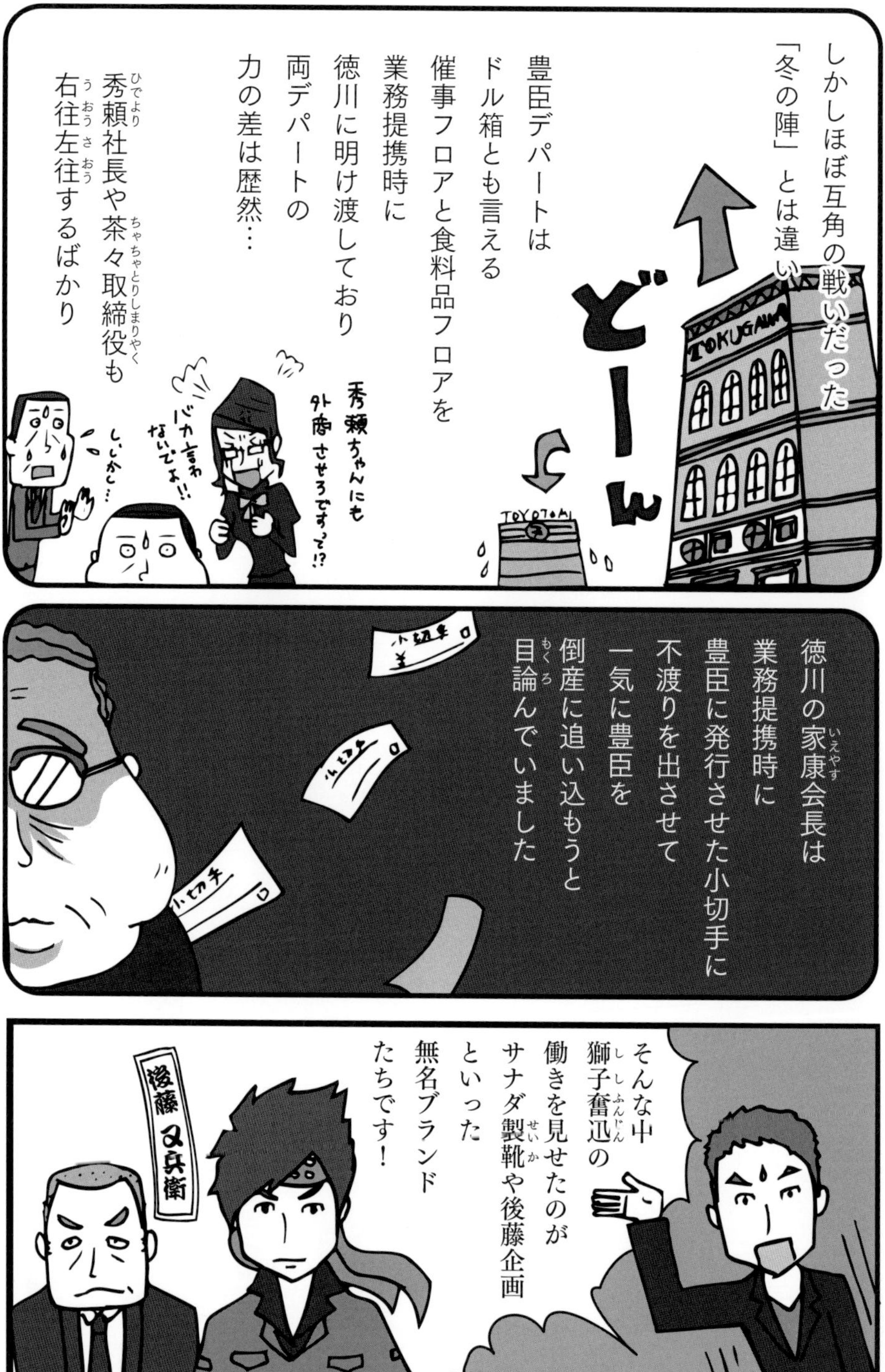
しかしほぼ互角の戦いだった
「冬の陣」とは違い
TOKUGAWA
どーん
TOYOTOMI
豊臣デパートは
ドル箱とも言える
催事フロアと食料品フロアを
業務提携時に
徳川に明け渡しており
両デパートの
力の差は歴然…
秀頼ちゃんにも外商させろですって!?
バカ言わないでよ!!
しかし…
秀頼《ひでより》社長や茶々取締役《ちゃちゃとりしまりやく》も
右往左往《うおうさおう》するばかり
徳川の家康《いえやす》会長は
業務提携時に
豊臣に発行させた小切手に
不渡りを出させて
一気に豊臣を
倒産に追い込もうと
目論《もくろ》んでいました
小切手
小切手
小切手
そんな中
獅子奮迅《ししふんじん》の
働きを見せたのが
サナダ製靴《せいか》や後藤企画
といった
無名ブランド
たちです!
後藤 又兵衛

特にサナダ製靴は
ダイヤとプラチナで
飾られた
ギネス級の超高額
宝飾《ほうしょく》ハイヒールを
外商で展開!!
その売り上げたるや
すさまじく
あの家康会長が
一時は敗北を覚悟し
会長引退宣言を
しそうになった
というほど…
しし、心臓に悪い…
ワシャもう引退する…
しかし惜しくも
売り上げは
あと一歩及ばず
小切手は不渡りに…
そうして
豊臣デパートは倒産
夏の陣と共に
一時代が終わりを
迎えたのでした…
閉店いたします
長らくのご愛顧ありがとうございました
トヨトミデパート

＊1615年５月７日大坂城落城、翌８日に秀頼と淀殿（茶々）が自害し豊臣家が滅亡、大坂の陣は終局した。

もし　あともう一足
あのダイヤの靴が
売れていれば
不渡りは防げたはずです
秀頼社長や
茶々取締役が
自ら外商セールスに
動いていれば
流れは変わっていたん
じゃないかと
僕は思います…

あの圧倒的に不利な状況の中それほどサナダ製靴の働きは素晴らしかった！
敵である徳川グループの人間をして「日本一《ひのもといち》の兵《つわもの》」と呼ばしめるほどに…
そう 本当に凄い働きでした！
お義《と》な《う》さーーーん！
え？ あ 言ってませんでしたっけ？ これは失礼しました
僕の妻・阿梅《おうめ》は真田《さなだ》幸村《ゆきむら》社長の長女なんです
阿梅
いやぁもう 美人だし優しいし 料理は上手いし ウチの奥さん最高なんですよ〜
え？ そんなことより なんでライバル会社の娘と結婚してんだって？
やっぱ？ そこ気になります？

実は夏の陣での僕の働きを見て
敵ながら素晴らしいプロモーションだった！貴殿《きでん》と戦えたことを誇りに思う！
ぜぇ ぜぇ
若作りだけど48歳 さすがにお疲れ
貴殿を見込んで頼みがある
わが社は潰れゆくとも娘だけでもお願いしたい！
テレッ
と言ってくださって
ウチの社長も熱い男ですからね そんな義父の想いを知って
独眼竜は伊達じゃねえ！幸村の息子と娘は独眼コーポレーションで面倒みるぜ！
You see?
そんな社長のご英断に報いるためにも そして何より日本一の兵に見込んでいただいた栄誉にかけて
この重綱 必ずや！必ずや・・・・！
阿梅ちゃんを幸せにして見せます！
ばっ
ぶ
お義なさ〜ん！
…あなた ちょっと暑苦しい

ホントはこんな話

冬の陣後、つかの間の平穏が訪れた大坂でしたが、徳川《とくがわ》は大砲を作ってちゃっかり再戦の準備中。そして何かとイチャモンをつけて「秀頼《ひでより》（92頁）も浪人もお咎《とが》めナシ」という講和の条件を無視して、秀頼の移封《いほう》（左遷《させん》みたいなもの）か浪人の解雇を要求してきたのです。で、徳川の思惑《おもわく》通り豊臣《とよとみ》方がキレて、再び勃発《ぼっぱつ》したのが1615年の大坂夏の陣です。

冬の陣では鉄壁の城だった大坂城も今や丸裸《まるはだか》。ちなみに、籠城《ろうじょう》戦は勝ち目がないので、豊臣方は一か八かの野戦に打って出ることになります。「これもう無理っしょ」と豊臣に愛想を尽かせて退去する浪人も多く、開戦時には兵力は8万弱にまで減少していました。そして4月29日の樫井《かしい》の戦いで、独断先行が災いして豊臣方・塙団右衛門《ばんだんうえもん》が討死。5月6日午前の道《どう》明寺《みょうじ》の戦いでは、濃霧で豊臣方の兵の到着が遅れる中、後藤又兵衛《ごとうまたべえ》（35頁）が孤軍奮闘《こぐんふんとう》するも、伊達《だて》家家臣・片倉重綱《かたくらしげつな》（138頁）の鉄砲隊の猛攻を受けて討死。同じ頃、八尾《やお》・若江《わかえ》の戦いでも、23歳のイケメン武将・木村重成《きむらしげなり》（37頁）が善戦むなしく若い命を散らしています。午後の誉田《ほんだ》の戦いでは、片倉隊と幸村《ゆきむら》軍が互角の戦いを繰り広げ、ここはなんとか引き分け。真《さな》田《だ》軍を追撃する気力のない徳川勢に、幸村（20頁）が「関東勢は百万もいるのに、男はひとりもおらんのか！」と捨て台詞を残した話は有名です。

豊臣勢は兵も残り少なく、絶体絶命。それでも総大将・豊臣秀頼は過保護ママン・茶々《ちゃちゃ》（91

頁）に離してもらえず、出陣すらしていない状態です。7日、幸村は息子・大助《だいすけ》（34頁）を使者として、味方の士気《しき》を高めるべく秀頼の出陣《しゅつじん》を促《うなが》しています。しかし秀頼の出陣はないまま、迎えた最後の決戦・天王寺《てんのうじ》の戦い。毛利勝永《もうりかつなが》（36頁）の奮戦によって開かれた突破口を縫って、幸村はわずか3000の兵で1万5000の松平忠直《まつだいらただなお》隊を突破、家康（124頁）の本陣に迫ります。1万5000の本陣は大パニックを起こし、家康と従者1人を残して四散するといった異常事態に。三方ヶ原《みかたがはら》の戦い（56頁）以来倒れたことのなかった家康の馬印《うまじるし》（大将の目印となる幟《のぼり》）も倒され、絶望した家康は2度切腹《せっぷく》しかけたと伝わります。そこまで家康を追いつめた幸村ですが、天はタヌキに味方した。やっと体勢を立て直した松平軍が反撃に出て、真田軍は壊滅。満身創痍《まんしんそうい》の幸村は、疲れ果てて安居《やすい》神社で一息ついているところを討たれ、49歳の生涯を閉じたのでした。その凄まじい奮闘ぶりは、徳川の将にまで「真田日本一《ひのもといち》の兵《つわもの》」と賞賛されるほどだったといいます。

その後遂に大坂城は陥落《かんらく》し炎上。翌8日、家康の孫で秀頼正室・千姫《せんひめ》が嘆願するも叶わず、秀頼・茶々の自害により豊臣家は滅亡、戦国の世は幕を閉じたのでした。

ちなみに、家康は実はこの時幸村に追いつめられて亡くなっていたなんていう伝説もあったり……。堺の南宗寺《なんそうじ》には家康の墓まであるらしいですよ〜。

大坂夏の陣

冬の陣後の講和で堀を埋め立てられ、真田丸《さなだまる》を破壊された大坂城は丸裸《まるはだか》状態。豊臣《とよとみ》軍は籠城戦《ろうじょうせん》を諦《あきら》め、野戦《やせん》に打って出るしかありませんでした。しかし野戦は徳川家康《とくがわいえやす》の最も得意とする分野。最初の大和郡山城《やまとこおりやまじょう》攻略こそ勝利できたものの、続く樫井《かしい》の戦い、道明寺《どうみょうじ》の戦い、八尾《やお》・若江《わかえ》の戦いと続けざまに敗れ、幸村《ゆきむら》も参戦した誉田《ほんだ》の戦いのみ、かろうじて引き分けという結果で、豊臣勢は大苦戦。幸村は味方の士気《しき》を上げるため、大将である秀頼《ひでより》の出陣《しゅつじん》を促《うなが》しますが、結局秀頼が城から出ることはありませんでした。

5月7日の天王寺《てんのうじ》の戦いでは、幸村が家康を切腹《せっぷく》寸前まで追いつめるも一歩及《およ》ばず討死《うちじに》。幸村の突撃を支えた毛利《もうり》勝永《かつなが》が真田《さなだ》軍壊滅《かいめつ》後も果敢《かかん》に家康を追いますが、すでに退去した後。また、大野治長《おおのはるなが》の弟・治房《はるふさ》が徳川秀忠本陣《とくがわひでただほんじん》を追いつめますが、こちらもあと少しのところで徳川軍にまき返されてしまいます。そして豊臣軍は、数で圧倒的に勝《まさ》る徳川軍に徐々《じょじょ》に包囲され、大坂城への撤退《てったい》を余儀《よぎ》なくされます。ついに7日、徳川軍が大坂城へなだれ込み、天守《てんしゅ》が

1615（慶長20年）	
4月5日	豊臣方、浪人解雇《ろうにんかいこ》と豊臣移封《いほう》を拒否。 徳川、事実上の宣戦布告。
4月7日	家康、西国諸大名に出陣準備命令。
4月9日	大野治長暗殺未遂事件。
4月12日	豊臣方、開戦準備。
4月19日	家康、諸大名に大坂進撃を命令。
4月23日	大坂夏の陣開戦。
4月26日	豊臣軍、大和郡山城を攻略。
4月29日	樫井の戦い（塙団右衛門《ばんだんうえもん》、戦死）
5月5日	家康、京より出陣。
5月6日	午前、道明寺の戦い（後藤又兵衛《ごとうまたべえ》、戦死） ★幸村、大助《だいすけ》を帰城《きじょう》させ、秀頼出馬を要請。 午後、誉田の戦い 八尾・若江の戦い（木村重成《きむらしげなり》、戦死） ★夜半、幸村の子女《しじょ》、片倉《かたくら》氏に保護される。
5月7日	天王寺・岡山《おかやま》の戦い（真田幸村、戦死） 大坂城炎上。 千姫脱出し、家康に秀頼らの助命嘆願。

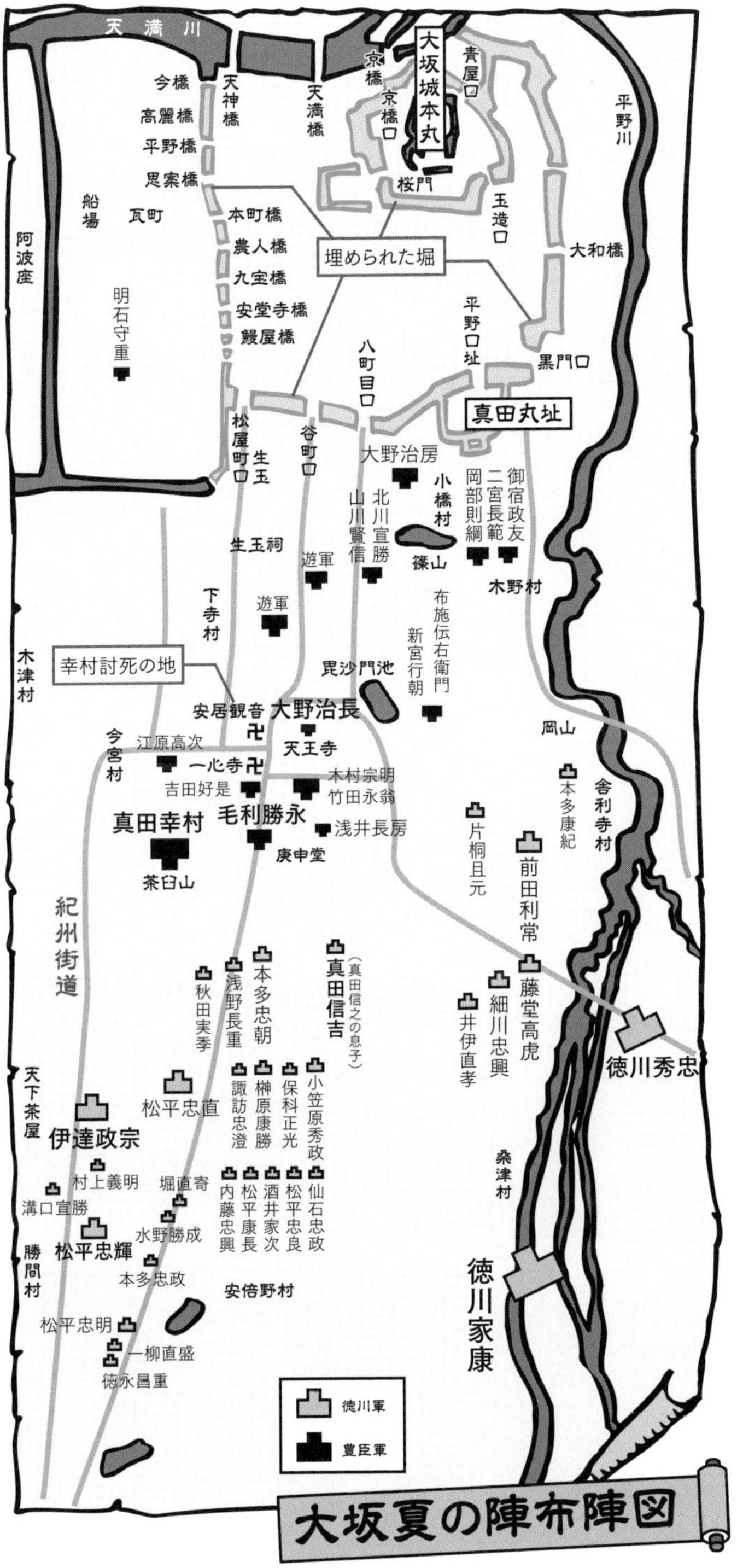

炎上。淀殿《よどどの》・秀頼らは蔵に籠《こも》り、家康の孫娘にして秀頼の正室・千姫《せんひめ》を使者として助命嘆願《じょめいたんがん》し、最後の望みを繋《つな》ぎますが、家康に聞き入れられることはなく、翌8日、自刃《じじん》。大坂夏の陣は終戦したのでした。

5月8日	大坂落城、夏の陣終結（秀頼、淀殿、大野治長、毛利勝永、真田大助ら、自害。）
5月23日	秀頼遺児・国松《くにまつ》、京都・六条河原で斬首。

片倉重綱《かたくらしげつな》

1585〜1659年。伊達《だて》家重臣。白石城主《しらいしじょうしゅ》。重綱《しげつな》と名乗《なの》っていたが、後に重長《しげなが》に改名。「鬼《おに》の小十郎《こじゅうろう》」との通称《つうしょう》も持つ。

重綱の父・片倉景綱《かげつな》（こちらも通り名は小十郎）は伊達政宗《まさむね》（144頁）の右腕と言われた武将。その忠誠心《ちゅうせいしん》たるや、まだ子のいない政宗より先に嫡男《ちゃくなん》を得るわけにはいかーん！　と、妻が妊娠《にんしん》した際、男子が産まれたら即《そく》殺すと宣言、ドン引きした政宗に慌《あわ》てて止められたってほど（その時命拾《いのちびろ》いした男子が重綱です）。そんなアツい魂《たましい》を受け継《つ》いだ息子の重綱も実直一途《じっちょくいちず》、政宗のためならエ〜ンヤコラ♪と、数々の戦功《せんこう》を挙げて大活躍し、鬼の小十郎と呼ばれました。病気の父に代わって出陣《しゅつじん》した大坂の夏の陣では、誉田《ほんだ》の戦いで真田《さなだ》軍と対峙《たいじ》、接戦《せっせん》を繰《く》り広《ひろ》げました。そんな重綱、だいぶイケメンだったらしく、実は政宗とも衆道《しゅどう》（64頁）の間柄《あいだがら》。大坂の陣の先鋒《せんぽう》を務《つと》めたいと申し出た重綱の頬《ほほ》に政宗がキスして「お前のほかに誰に任せるんだよ」と言ったなんていう、腐女子悶絶《ふじょしもんぜつ》の胸キュン（?）シーンが、片倉氏の正史《せいし》に堂々と記録されています。

阿梅《おうめ》

1604頃〜1681年。真田幸村《さなだゆきむら》（20頁）の三女。母は竹林院《ちくりんいん》（利世《りよ》［21頁］）または側室・高梨内記娘《たかなしないきのむすめ》。伊達《だて》氏重臣で白石城主《しらいしじょうしゅ》・片倉重綱《かたくらしげつな》（138頁）の継室。

徳川《とくがわ》方の武将の重綱が、敵《かたき》である幸村の子――阿梅とその妹弟《きょうだい》を保護した経緯《けいい》には、2つの説があります。ひとつは、大坂城から逃げる最中《さなか》の阿梅たちを素性《すじょう》を知らずに確捕《かくほ》、可愛《かわ》いかったので連れ帰って養育《よういく》、後年よくよく話を聞いてアラびっくり！　なんと真田幸村の娘でした〜！　てなもの。そしてもうひとつは、夏の陣で真田軍と片倉軍がガチンコ対決した際、奮戦する重綱に幸村が惚《ほ》れ込《こ》み、「貴殿《きでん》を見込んで娘をお願いしたい」という旨《むね》の書《しょ》状《じょう》を携《たずさ》えさえて、落城《らくじょう》前夜に阿梅を片倉陣に投降《とうこう》させた（もちろん護衛《ごえい》付きで）というもの。片倉氏の正史《せいし》には前者の説がシレッと書いてありますが「いやぁ、全然知らなかったなぁ〜」ってのがいかにも白々《しらじら》しいし、弟・守信《もりのぶ》（149頁）に関する伊達家の様々な偽装《ぎそう》工作同様、これも小芝居《こしばい》の一環《いっかん》のような気もしますよねぇ。いずれにしても、重綱に保護された阿梅は白石城で大切に育てられ、重綱の正室亡き後、継室に収まりました。

ちなみにウチの社長って

＊凍み豆腐やずんだ餅、仙台味噌は伊達政宗が考案したと言われている。

＊伊達政宗直筆の手紙は、現存するだけでも1000通を超える。

ホントはこんな話

伊達政宗《だてまさむね》（144頁）は豊臣秀吉《とよとみひでよし》（76頁）の甥《おい》・秀次《ひでつぐ》（105頁）と仲が良かったため、秀次事件（104頁）の際はかなりきわどい立場でしたが、なんとか火の粉をかぶらずにやり過ごします。秀吉没後は、徳川家康《とくがわいえやす》（124頁）が「大名家同士の婚姻の禁止」という秀吉の遺言を破り、自分の六男・松平忠輝《まつだいらただてる》と政宗の長女・五郎八姫《いろはひめ》を結婚させたため、政宗は家康と親戚関係に。政宗は関ヶ原も大坂の陣も、徳川方として参戦しています。しかし表向きは恭順《きょうじゅん》していたものの、裏ではずーっと天下獲りの野心は捨てておらず、怪しい行動をとっては睨《にら》まれ、なんとかテヘペロでごまかして切り抜ける……ってこと度々《たびたび》。夏の陣の時なんて、味方の神保隊《じんぼたい》３００人を後ろから撃って全滅させると言う無茶苦茶《むちゃくちゃ》なことやっといて、シレッと「前にいた神保隊が崩れかかったので、共倒れを防ぐために撃ちました」って、どう考えても苦しい言い訳。よくテヘペロで切り抜けられたな！　また、２代将軍秀忠《ひでただ》（125頁）を自作の料理でもてなす際には、秀忠の家臣に毒見を促《うなが》され、「毒殺なんてセコいことするわけねーだろ！10年前に謀反《むほん》を企《たくら》んでた時ですら、やるなら戦でと思ってたよ！」とマジギレしたり、３代将軍家光《いえみつ》には「外泊は危険なのでお止めください。私も家康公が外泊されたときに何度か暗殺を企んだことがございます」と忠告したりと、政宗さん、ちょっとぶっちゃけ過ぎですよ。わざわざヨーロッパまで家臣を派遣し、倒幕のためにスペインと軍事同盟結んじゃうなど、なかなかの国際派…と言えばきこえはいいけど、一歩間違えば売国に繋がりかねない問題行動も起こしちゃってます（ただし、家康が派遣させたとの異説アリ）。

そんな超ギラギラ男・政宗ではありますが、筆まめだったり、料理が趣味だったりと、意外な一面も。筆まめと言う点に関しては、自筆の手紙は現存するだけでも1000通を超えており、政宗の人となりを知る上での貴重な資料となっています。娘を案じる良きパパな手紙や、通説では険悪な仲だったとされている実母との愛情あふれるやりとりを綴ったものなど、「ちょっといい話」な手紙も多い反面、家臣へ向けたすごーく細かい指示メールや、髪型や風紀を注意するクドクドネチネチメール、恋人である家臣（男性）に向けたかなり情けない言い訳メール（145頁）など、独眼竜《どくがんりゅう》のイメージを崩壊させるような手紙も多々。また、仙台名物のずんだ餅や凍《し》み豆腐《どうふ》はクッキング男子・政宗が考案したとも伝わり、「馳走《ちそう》とは旬《しゅん》の品をさり気なく出し、主人自ら調理して、もてなす事である」という彼の言葉は、現在、某有名調理専門学校の校訓にもなっているらしいですよ。そして、政宗が現代に影響を残しているものがもうひとつ。あの「スター・ウォーズ」のダークヒーロー、ダース・ベイダーのヘルメットとマスクは、政宗の鎧兜《よろいかぶと》がモデルになっているとのこと。さすが元祖「伊達男」のシャレオツオヤジですね。

伊達政宗《だてまさむね》

1567〜1636年。戦国大名。仙台藩《せんだいはん》初代藩主。

ご存知《ぞんじ》「独眼竜《どくがんりゅう》」政宗。幼少時に天然痘《てんねんとう》を罹《わずら》い、失明した右目が眼窩《がんか》から飛び出しており、それが重度のコンプレックスとなって暗い少年だったと伝えられますが、それを憂《うれ》えた片倉重綱《かたくらしげつな》（138頁）の父・景綱《かげつな》が飛び出た右目を切り落とし、以降、明朗活発《めいろうかっぱつ》な少年に変貌《へんぼう》、優《すぐ》れた戦国武将へと成長したんだとか。しかしどえらいショック療法《りょうほう》ですね。致し方ない事情（？）により父を撃ち殺し、弟を斬《き》り、母とも不仲で、何度も謀反《むほん》を企《たくら》んでバレそうになっては、死装束《しにしょうぞく》を着たり十字架《じゅうじか》を背負って参内《さんだい》するという白々《しらじら》しいパフォーマンスでなんとか許されたり……と、本一冊書けるくらい多くのワイルドエピソードを持つ彼。「遅れてきた戦国大名」とも呼ばれ、生まれるのがもう少し早ければ、天下穫《と》りレースの有力候補だっただろうと言われています。大坂の陣の頃まで天下穫りの野望《やぼう》は捨てていなかったようですが、泰平《たいへい》の江戸時代に入ると、重鎮《じゅうちん》として徳川将軍家を支え、3代将軍家光《いえみつ》には「伊達の親《おや》父殿《じどの》」と慕われ、死の直前には直々《じきじき》に見舞《みま》いを受けているほどです。

伊達政宗《だてまさむね》から只野作十郎《ただのさくじゅうろう》（家臣）への手紙

超筆まめだった政宗サン、とにかくしょっちゅう手紙書いてたようで、中にはすご〜く恥ずかしいのも残っちゃってます。浮気を疑って酒の勢いでカレシ（家臣）をなじったところ、そのカレが潔白《けっぱく》を誓って股《また》だか腕だかに自分で切り傷を作り、血判《けっぱん》のついた起請文《きしょうもん》を届けてきた。このちょっとヤンキーっぽい愛の誓《ちか》い、当時の流行《はや》りだったらしいです。で、政宗が慌《あわ》てて書いた手紙がコレ。いやぁ、言い訳がましいですねぇ〜。しかも酔って覚えてないとか、絶対嘘《ぜったいうそ》だから！このとき政宗50歳過ぎ。オッサンのBLかいっ！

それにしても、酒の上のこととはいえ、何と申し上げたのでしょうか。酔っていて全く覚えていません。

（中略）

私がその場に居合わせたならば、あなたの脇差《わきざし》にすがりついてでも止めただろうに。こうなったからには私もせめて指を切るか股か腕を突くかして、あなたにお返しをせねばならぬところですが、私もすでに孫をもつ身、人の噂《うわさ》も気になる。行水《ぎょうずい》などのとき小姓《こしょう》たちに傷を見つけられ、「年甲斐《としがい》もなく」と冷やかされでもしたら、子どもにも迷惑をかけかねない。そう考えて思い止《とど》まっている。

なな、何のことだかサッパリ…

※只野作十郎宛　年未詳正月九日（仙台市博物館所蔵）の意訳

サナダ製靴所　再び！

＊1640年、大八は片倉守信と改名し、仙台藩士となり300石を与えられる。

＊正確には守信の息子・辰信の代において真田姓復帰を果たした。

ホントはこんな話

幸村《ゆきむら》（20頁）の次男・大八《だいはち》（149頁）は、落城前夜に阿梅《おうめ》ほか3人の姉たちと共に大坂城を脱出し、伊達政宗《だてまさむね》（144頁）の家臣・片倉重綱《かたくらしげつな》（138頁）に保護されます。政宗の領地・仙台まで護送された後、重綱の居城・白石城《しらいしじょう》に匿われ、片倉久米介《くめすけ》と改名しています。徳川による豊臣残党狩りからカモフラージュするため、伊達家は大八の死亡ニセ情報まで流すという念の入れよう。そして重綱の所領から千石《ごく》を大八に分領したというから驚きです。一石が大人1人が1年に食べる米の量に相当しますから、はっきり言ってめちゃくちゃ高給取り（一説によると一城を預かる武将クラスの石高《こくだか》）。いくら幸村の活躍が敵ながら天晴《あっぱれ》だったからって、なぜにその息子をそこまで厚遇《こうぐう》するのか、これはすごーーく怪しい話。実は幸村と政宗の間で「勝敗させておき、家康だけは殺《や》る」との密約があったのではないかと言う説も。なぜなら、政宗の娘婿は家康の六男・松平忠輝《まつだいらただてる》。ここで家康が死ねば、将軍秀忠《ひでただ》（125頁）に取って代われる可能性は十分にあります。天下獲りの野望を持ち続けていた政宗は、最後のチャンスとして幸村に賭けた。そして幸村はただ家康一人を標的として果敢に挑み、あと一歩のところで及ばず力尽きたものの、政宗はその労を労《ねぎら》うべく遺児を手厚く保護した、と。……いかがです？　証拠も何もないので、ファンタジーと言えばそれまでですが、そう考えれば何もかも符号が合っちゃったり。これだから歴史は面白いですよね～。

真田守信《さなだもりのぶ》

１６１２～１６７０年。真田幸村《ゆきむら》（20頁）の次男。母は正室・竹林院《ちくりんいん》（利《り》世《よ》［21頁］）。

守信は幼名《ようみょう》を大八《だいはち》といい、九度山《くどやま》で生まれました。大坂夏の陣で父と兄が戦死したとき、大八はわずか3歳。姉の阿梅《おうめ》（139頁）らと共に伊達《だて》家重臣・片倉重綱《かたくらしげつな》（138頁）に保護された後、仙台《せんだい》に移り、片倉久米介《くめすけ》という名を貰《もら》って食客《しょっかく》（客員）として伊達家に仕《つか》えます。伊達家は「真田幸村の次男・大八は7歳の時に京で石投げ遊びの石が当たって死亡した」という偽情報《にせじょうほう》を流し、さらには１６４０年に幕府から追及《ついきゅう》された際には「真田信尹《のぶこれ》（昌幸《まさゆき》［50頁］の兄）の次男・政信《まさのぶ》の子」だという偽のプロフィールまで仕立てて彼を守り、その際、片倉守信と改名させ、仙台藩士として召《め》し抱《かか》えたのでした。そして守信の息子・辰信《たつのぶ》の代になり、もう時効《じこう》、ということで晴れて真田姓に復帰。その系譜《けいふ》は今も仙台真田氏として続いています。片倉家に引き取られた姉たちもまた、仙台藩士と結婚したり京の金持ちと結婚したりと、それぞれ無事《ぶじ》に収まりました。長男・大助《だいすけ》（34頁）以外の幸村の子供たちは皆《みな》、平和に天《てん》寿《じゅ》を全《まっと》うしています。ちょっと救われる思いがしますよね。

1583	1582	1573	1560	1553	
賤《しず》ヶ《が》岳《たけ》の戦い	武田氏滅亡 本能寺《ほんのうじ》の変	三方《みかた》ヶ《が》原《はら》の戦い	桶狭間《おけはざま》の戦い	川中島《かわなかじま》の戦い	
	没	39	26	19	 織田信長 1534-1582
46	45	36	23	16	 豊臣秀吉 1537-1598
40	39	30	17	10	 徳川家康 1543-1616
16	15	6			 真田幸村 1567-1615
17	16	7			 真田信之 1566-1658
36	35	26	13	6	 ねね 1547-1624
14	13	4			 茶々（淀殿） 1569-1615
10	9	0			 江 1573-1626
					 豊臣秀頼 1593-1615
4	3				 徳川秀忠 1579-1632
16	15	6			 伊達政宗 1567-1636
					 片倉重綱 1585-1659

1616	1615	1614	1603	1600	1598	1585	
家康没年	大坂夏の陣	大坂冬の陣 方広《ほうこう》寺《じ》鐘《しょう》銘《めい》事件《じけん》	徳川幕府開府	関《せき》ヶ《が》原《はら》の戦い	秀吉没年	上《うえ》田《だ》合《かっ》戦《せん》	

					没	48	
没	72	71	60	57	55	42	
	没	47	36	33	31	18	
50	49	48	37	34	32	19	
69	68	67	56	53	51	38	
	没	45	34	31	29	16	
43	42	41	30	27	25	12	
	没	21	10	7	5		
37	36	35	24	21	19	6	
49	48	47	36	33	31	18	
31	30	29	18	15	13	0	

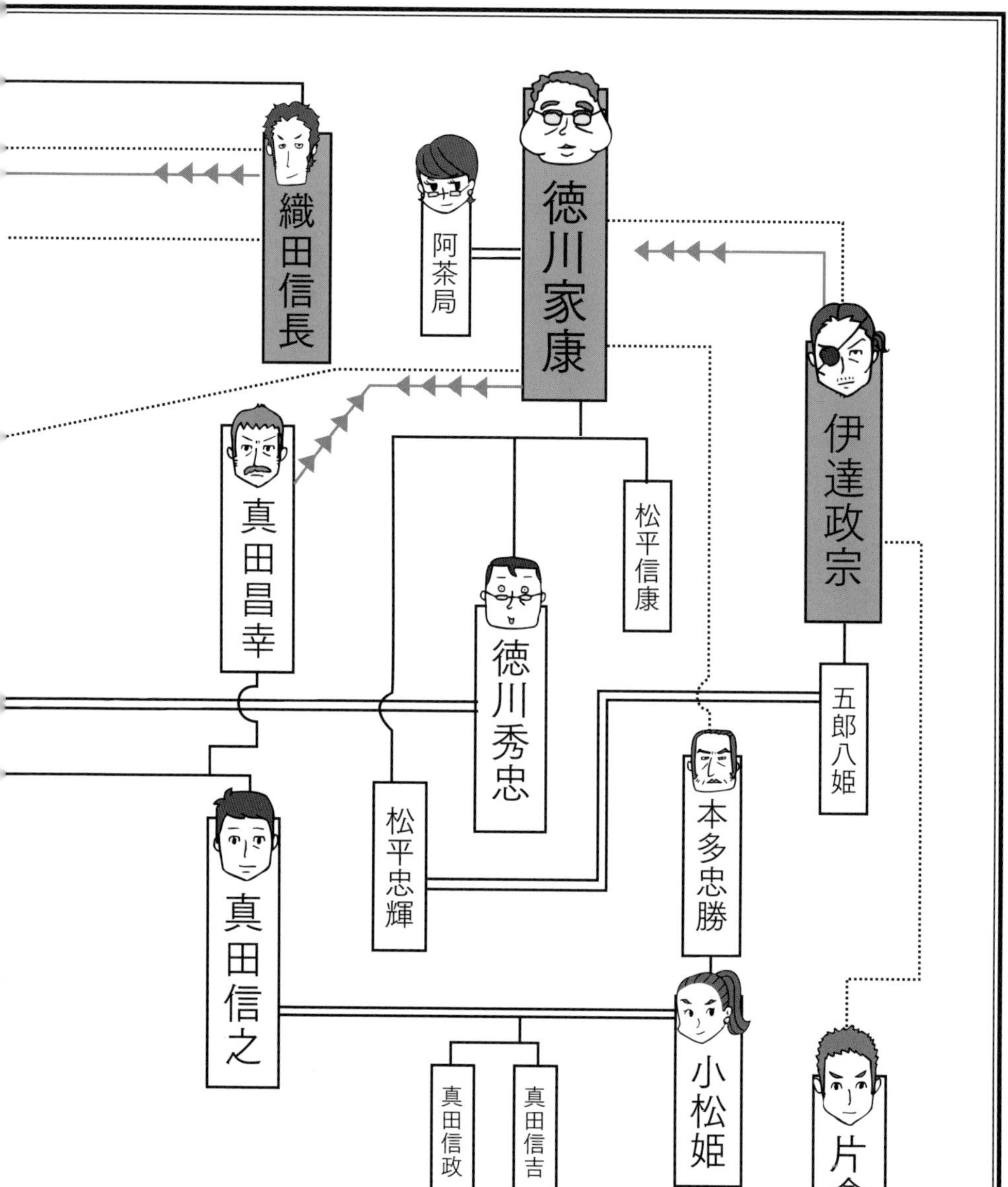
織田信長
阿茶局
徳川家康
伊達政宗
真田昌幸
松平信康
徳川秀忠
五郎八姫
本多忠勝
松平忠輝
真田信之
小松姫
真田信政
真田信吉
片倉重綱
…親子
…夫婦
…敵対
…兄弟
…主従

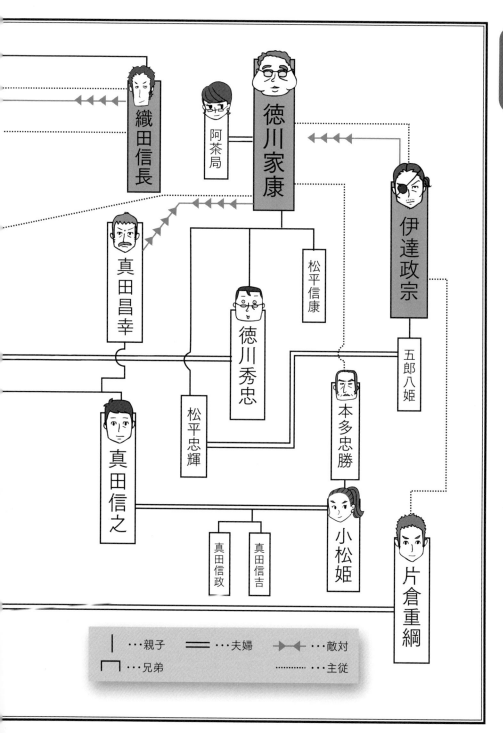

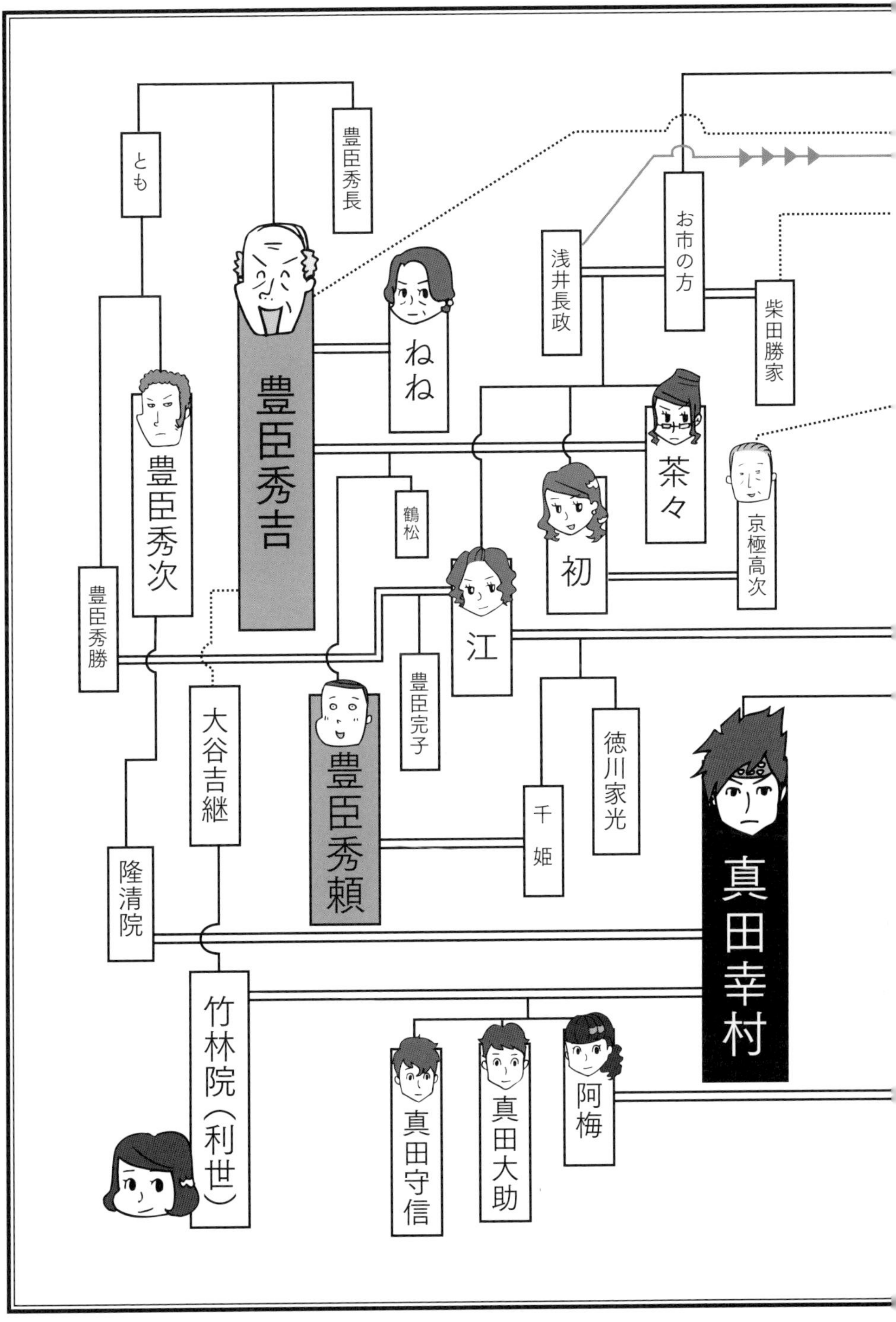
とも
豊臣秀長
豊臣秀吉
ねね
浅井長政
お市の方
柴田勝家
豊臣秀次
茶々
鶴松
初
京極高次
豊臣秀勝
江
豊臣完子
大谷吉継
豊臣秀頼
徳川家光
千姫
真田幸村
隆清院
竹林院（利世）
真田守信
真田大助
阿梅

おわりに

正直に懺悔《ざんげ》いたしますが、2年近く前にこの本の企画を出版社の方から頂いた時、私は真田幸村が何をした人物なのかまるで知りませんでしたし、はっきり言って戦国時代にも全く興味がありませんでした。しかし仕事のために仕方なく（笑）勉強していくうちに、「本当はどうだったんだろう」「彼は何を考えてこんな行動を起こしたんだろう」と、歴史上の出来事や人物たちについてどんどん興味が沸《わ》いてきて、本書を書き進めていくうちに、遠くて共感できない存在だと思っていた戦国武将やその妻たちが全員身近《みぢか》で愛すべき存在に思えてきました。この本を読んでくださった皆さんに、もし、同じように、歴史にさらに興味を深め、400年前の彼らに親近感を感じていただくことができたなら、著者としてこれほど嬉しいことはありません。

また、勉強に時間をかけているうちに、2016年のNHK大河ドラマの主人公が幸村に決定したことも、ひょうたんからコマのラッキーでした。

ちなみに、はじめは「家電メーカーの競争」を舞台にするつもりだったので、洗濯機の修理に来てくれたメーカーのサービスの方に家電の部品のことやメーカー事情を根掘《ねほ》り葉掘《はほ》り聞いたことも。その後、アシスタント女史《じょし》のアイデアで「百貨店戦争」に設定変更した後は、百貨店勤務の友人たちに百貨店事情を、父には企業の仕組みを、義兄にはM&Aや株についてを教えてもらい、参考にしました。企業に縁遠《えんどお》い根無《ねな》し草《ぐさ》の私ゆえ、このブレーン諸氏の助けが非常に心強いものとなりましたこと、この場を借りてお礼申し上げます。また、夜《よ》な夜《よ》な戦国ゲームに付き合ってくれた夫にも感謝です(笑)。

そして誰より、お礼を通り越して平謝《ひらあやま》りせねばならないのが、デザインと装丁を手がけてくださった鷺草《ろそう》デザインの上野さんと中島さん、東さん、創元社の山口さんと小野さん。原稿が遅れに遅れ、大変ご迷惑をおかけしました。戦国であれば切腹《せっぷく》モノです。平和な世でよかったなぁと痛感しております。これに懲《こ》りず、これからも本出させてくださ〜い。

2015年6月　井上ミノル

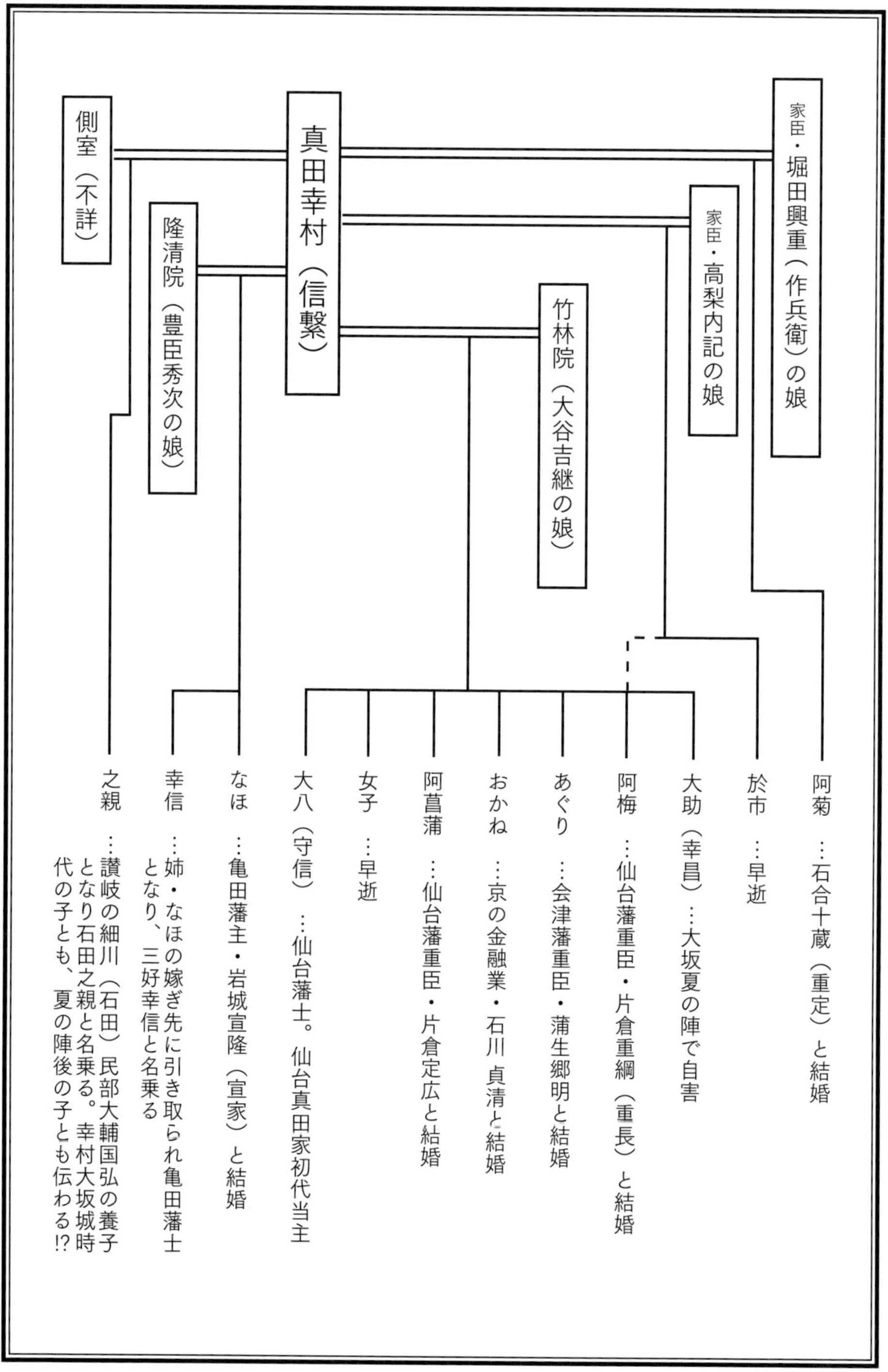
家臣・堀田興重（作兵衛）の娘
家臣・高梨内記の娘
真田幸村（信繁）
竹林院（大谷吉継の娘）
隆清院（豊臣秀次の娘）
側室（不詳）
阿菊　…石合十蔵（重定）と結婚
於市　…早逝
大助（幸昌）…大坂夏の陣で自害
阿梅　…仙台藩重臣・片倉重綱（重長）と結婚
あぐり　…会津藩重臣・蒲生郷明と結婚
おかね　…京の金融業・石川貞清と結婚
阿菖蒲　…仙台藩重臣・片倉定広と結婚
女子　…早逝
大八（守信）…仙台藩士。仙台真田家初代当主
なほ　…亀田藩主・岩城宣隆（宣家）と結婚
幸信　…姉・なほの嫁ぎ先に引き取られ亀田藩士となり、三好幸信と名乗る
之親　…讃岐の細川（石田）民部大輔国弘の養子となり石田之親と名乗る。幸村大坂城時代の子とも、夏の陣後の子とも伝わる!?

参考文献

『真田一族　家康が恐れた最強軍団』（相川司著・新紀元社）
『新・歴史群像シリーズ②　真田幸村と大坂の陣』（学習研究社）
『新・歴史群像シリーズ⑩　真田三代』（学習研究社）
『仙台真田代々記』（小西幸雄著・宝文堂）
『仙台領戦国こぼれ話』（紫桃正隆著・宝文堂）
『真田太平記』（池波正太郎著・新潮社）
『大坂 冬の陣 夏の陣』男の隠れ家特別編集「時空旅人」2015年3月号（三栄書房）
『歴史探訪シリーズ　闘将真田幸村』（晋遊舎）
『歴史人』2015年4月号（KKベストセラーズ）
『学研まんが人物日本史　真田幸村』（広岡ゆうえい著・学習研究社）
『戦国BASARA　武将巡礼vol.2　真田幸村』（JTBパブリッシング）
『大坂の陣400年記念特別展　浪人たちの大坂の陣』（大阪城天守閣）
『いくさ場の光景―大阪城天守閣収蔵戦国合戦図屏風展―』（大阪城天守閣）
『テーマ展　乱世からの手紙―大阪城天守閣収蔵古文書選―』（大阪城天守閣）
『物語日本の歴史21　大坂落城』（笠原一男編・木耳社）
『知識ゼロからの戦国武将入門』（小和田哲男著・幻冬舎）
『日本史上最強の戦国武将は誰だ？』「別冊宝島」1951号（宝島社）
『図解戦国武将』（池上良太著・新紀元社）
『戦国史が面白くなる「戦国武将」の秘密』（渡邊大門著・洋泉社）
『戦国武将の明暗』（本郷和人著・新潮社）
『合戦場の女たち』（横山茂彦著・世界書院）
『歴史群像シリーズ　図説戦国女性と暮らし』（学研パブリッシング）
『風林火山のことがマンガで3時間でわかる本』（津田太愚著・明日香出版社）
『NHK歴史への招待〈第11巻〉徳川家康』（日本放送出版協会）
『本能寺の変　431年目の真実』（明智憲三郎著・文芸社）
『戦国武将の手紙を読む』（小和田哲男著・中央公論新社）
『戦国武将の手紙』（二木謙一著・角川学芸出版）
『伊達政宗の手紙』（佐藤憲一著・洋泉社）
『完訳フロイス日本史』（ルイス・フロイス著・松田毅一／川崎桃太訳・中央公論社）
『ヨーロッパ文化と日本文化』（ルイス・フロイス著・岡田章雄訳注・岩波書店）
『現代語訳 信長公記』（太田牛一著・中川太古訳・中経出版）

おまけの4コマ。
えっ・戦国武将の中で理想の男性は誰かって？
誰も聞いてない→
う〜ん… 無職のはちょっとね〜 いくら主役でも。
ゆきむら
ほっとけ!!
浮気性の ひでよし や ケチの いえやす は論外!!
この人なんて正妻殺してますしね!!
一見男前キャラのこの人も→ 手紙読んでたらめちゃめちゃ細かそうで一緒にいて疲れそう
まさむね
悪かったな!!
私のお気に入りはやっぱり信之!!
えっ!?
一見地味だけど穏やかで堅実!! でも漢気《オトコギ》もあってやるときゃやる!! しかも家族思いって!! 目立たないけど彼はイイよ!!
ね!! 信之!!
ボク太助ですけど… 信之おじさんはあっち…
……
何か？
守信もいまーす
見分けつかねーよ!!
描いたんアンタだよ
ちなみに
アシスタントS女史は
家康だけはキライ!!
編集O嬢は
信長の手紙の「のぶ」ってのがなんか萌えますよね〜
とのことです。
アナタの理想の男性はダレ？
あっ、そうそう
大河より前にこの本出すこと決まってたってこと、どっかに書いといて下さいね
って言われてたんだった。
先見の明がある企画・立案者編集Y氏

著者略歴

井上ミノル

INOUE Minoru

イラストレーター&ライター。1974年神戸市生まれ。甲南大学文学部卒。広告代理店などを経て、2000年にイラストレーターとしてデビュー。生来の国文好きを生かして、2013年にコミックエッセイ『もしも紫式部が大企業のOLだったなら』を刊行、続いて『ダメダンナ図鑑』（ともに創元社）を上梓する。平安好き、歴史好き、生き物好き、酒好きの二女の母。

もしも真田幸村《さなだゆきむら》が中小《ちゅうしょう》企業《きぎょう》の社長《しゃちょう》だったなら

2015年8月20日　第1版第1刷　発行

著　者…井上ミノル

発行者…矢部敬一

発行所…株式会社　創元社

http://www.sogensha.co.jp/

《本社》〒541-0047 大阪市中央区淡路町4-3-6

Tel.06-6231-9010

Fax.06-6233-3111

《東京支店》〒162-0825 東京都新宿区神楽坂4-3煉瓦塔ビル

Tel.03-3269-1051

造　本…上野かおる・中島佳那子（鷺草デザイン事務所）+東浩美

印刷所…図書印刷株式会社

ISBN978-4-422-91026-0 C0021